탁월한
언어의
능력

탁월한 언어의 능력 (개정판)

초판 2쇄 2013년 2월 1일

지은이 **용혜원**
펴낸이 **백건택**
디자인 **디자인채이**

펴낸곳 **미소북스**
출판등록 제305-2010-000031
주소 서울시 동대문구 전농동 60-292
전화 02-2245-1860
smilebooks@hanmail.net
ISBN 978-89-965328-2-8

가격은 뒤표지에 있습니다.

●언어는 그 사람의 삶 전체를 움직인다●

탁월한 언어의 능력

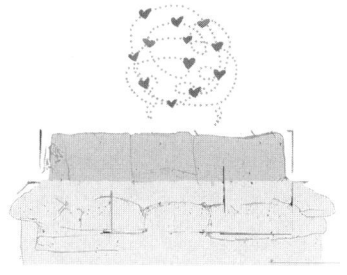

생각이 밭이라면 언어는 씨앗입니다.
좋은 생각에 좋은 말을 심으면 좋은 인생을 거두게 됩니다.

| 차례 |

책 처음에 _6

1장 언어는 사람의 삶 전체를 움직입니다 _11

언어가 만드는 세계 • 13 | 사랑의 언어는 생명의 언어입니다 • 16 | 복을 부르는 입술 • 18 | 말하는 사람은 씨를 심는 사람입니다 • 20 | 칭찬 한 마디로 두 달을 행복하게 삽니다 • 23 | 진실하고 정직한 언어라야 빛을 발합니다 • 24 | 순수한 언어가 오랜 여운을 남깁니다 • 29

2장 언어에는 놀라운 능력이 있습니다 _35

슬기로운 사람의 혀는 남의 아픔을 아물게 합니다 • 37 | 인격이 말하고 인격이 듣습니다 • 41 | 상대의 입장에 나를 세워 본 다음 충고해야 합니다 • 46 | 우리 입술은 축복의 통로도, 저주의 통로도 될 수 있습니다 • 54 | 비판 이전에 하나님의 마음을 배워야 합니다 • 56 | 불평 대신 우리의 입을 다스리시는 하나님의 방법을 배워야 합니다 • 59 | 어떤 상황에서도 여유를 가질 수 있는 그 사람은 성숙한 인격자입니다 • 62 | 경우에 합당한 말이 가장 좋은 것입니다 • 66

3장 그 사람의 언어는 그의 됨됨이를 보여 줍니다 _71

언어는 그 사람입니다 • 73 | 비참해지는 지름길 – 악평과 불평과 과장 • 78 | 부드럽고 사랑스런 목소리를 연습하십시오 • 84

4장 유머와 웃음은 행복과 여유를 선물합니다 _89

유머의 힘 • 91 | 분위기를 유쾌하게 만드는 청량제 같은 사람이 되어야 합니다 • 94 | 자기 자신을 웃어 넘길 수 있는 능력도 필요합니다 • 96 | 웃음은 행복을 만듭니다 • 99 | 배꼽을 줍는 방법을 소개합니다 • 102 | 여보, 그냥 같이 삽시다! • 106 | 깊은 감동과 여운이 남아야 진정 좋은 유머입니다 • 109

5장 말에는 창조하는 힘이 있습니다 _117

말과 창조 • 119 | 훈련된 언어 생활은 해가 지날수록 새로운 기쁨을 줍니다 • 121 | 작은 지체인 '혀'는 크기와 달리 놀라운 위력을 가지고 있습니다 • 123 | 우리 입술의 열매는 찬미의 제사가 되어야 합니다 • 126 | 칭찬과 격려를 아끼지 마십시오 • 128

6장 생명력 있는 언어를 가진 사람이 되십시오 _133

언어와 시야 • 135 | 좋은 대화 기술을 익혀야 합니다 • 136 | 승리하는 사람은 눈을 밟아 길을 만들지만 실패하는 사람은 눈이 녹기를 기다립니다 • 139 | 자주 생각하는 것은 소망이 되고 그 소망은 이뤄집니다 • 142 | 우리의 언어 생활은 선교와 연결되어 있습니다 • 147 | 난생 처음 달리는 택시 안에서 기도했습니다 • 153 | 깊은 영성과 하나님의 은혜로 언어의 능력을 가져야 합니다 • 156

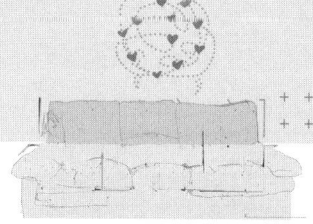

| 책 처음에 |

 몇 해 전 여름이었습니다. 강의를 마치고 나오는데 한 학생이 다가와 내 이마를 보며 말했습니다.
 "이 세상에서 가장 어려운 일 중의 하나가 무언지 아세요?"
 나는 갑자기 받은 질문이라 머뭇거릴 수밖에 없었습니다.
 "그건 대머리에 머리핀을 꽂는 거예요."
 머리숱이 많지 않은 내게 장난삼아 건넨 말이었습니다. 하하 웃어넘기고 지나쳤지만 세상에 존재하는 여러 어려움에 대해 생각해 보게 되었습니다. 질병, 경제적인 고통, 생각하지 못했던 사고 등등. 이런 어려움 중에 모든 사람이 가지고 있는 어려움은 무엇일까요? 바로 인간관계입니다. 머리핀은 접착제로라도 붙일 수 있지만 한번 벌어진 사이는 여간해서 회복되지 않습니다. 그렇다면 이런 인간관계를 쉽거나 어렵게 만드는 주원인은 무엇일까요? 바로 말입니다. 사람들은 수도 없이 오고가는 대화 속에서 살아가고 있습니다. 서로 말이 통하지 않는다면 그것만한 불행이 없는 것입니다.

우리가 내뱉은 말은 우리 인격의 거울입니다. 우리가 쓰는 언어는 각 사람의 삶의 모습과 능력을 그대로 나타냅니다. 세상에서 탁월한 능력으로 살아가는 사람들은 누구나 탁월한 언어의 능력을 갖고 있습니다. 지도자 중에 언어의 능력이 없는 사람은 거의 없습니다. 여러분도 살다가 말을 제대로 하지 못했을 때 답답함이나 초라함, 나약함을 느끼지 않았습니까. 이처럼 언어는 각 사람의 모습과 능력을 나타냅니다.

언어는 인간관계는 물론 하나님과 우리들의 관계도 이어줍니다. 우리의 구원자이자 중보자인 예수님이 바로 말씀이셨습니다. 또 우리가 드리는 기도와 찬송과 예배는 하나님과의 만남입니다. 유치하지만 간절한 간구가, 때로는 유려한 곡조를 넣은 고백이 하나님과 우리의 관계를 이어줍니다. 우스개 이야기가 있습니다. 바둑을 좋아하는 목사님이 실수로 기도 끝에 이런 표현을 썼다고 합니다. "예수님 이름으로 기도드립니다. 아다리!" 아다리는 일본식 바둑 용어로 상대편 돌을 위험에 빠트리는 수를 말합니다. 한번이야 애교로 봐주

시겠지만 계속 잘못된 언어를 구사하다가는 정말 하나님과 위험한 관계가 될 수도 있지 않을까요?

언어가 없으면 세상도 없습니다. 언어가 삶 자체를 표현하기 때문입니다. 그렇지만 말을 많이 한다고 해서 말을 잘하는 것은 아닙니다. 때로는 침묵과 경청이 말을 이어 주기도 합니다. 헨리 나우웬이 말했습니다. "침묵이 없으면 그 뜻을 잃게 되고 귀 기울여 듣지 않으면 말소리는 아무 소용이 없으며, 간격이 없으면 가까움의 의미가 없음을 알고 있다. 우리의 삶에서 이 고적한 곳이 없으면 우리의 활동은 공허한 몸짓이 되고 만다."

이처럼 원활한 대화와 소통을 원한다면 다른 사람의 말도 먼저 잘 들어주고 마음도 살펴주어야 합니다. 다른 사람의 말을 잘 들어 주어야 내 말도 상대방이 잘 들어 주게 되어 있습니다. 대접받고자 하는 자는 먼저 대접해야 하는 황금률과 같은 이치입니다. 대안도 없이 지적만 하고 큰 소리를 질러댄다면 소통이 아니라 소음이 되고 맙니다.

앞에서 보았듯 삶에서 가장 중요하고 가장 큰 힘을 발휘하는 것이 바로 언어입니다. 전쟁 중에는 총알이 사람을 죽이지만 평상시에는 말 한 마디가 영혼을 죽이기도 하고 살리기도 합니다. 그렇다고 말을 아예 안 해버리면 어떻게 될까요? 동화 중에 마을 어른이 잠을 자려는데 동네에서 들려오는 여러 소리가 시끄러워 소리를 아예 없애 버리는 내용이 있습니다. 당연히 말도 사라져 버렸습니다. 마을이 어떻게 되었을까요? 도둑이 들어와도 모르고, 자동차가 사람을 치려 해도 알려 줄 방법이 없어 마을이 더 혼란스러워졌습니다. 경청을 위한 침묵이 아니라 말이 완전히 없어진 세상은 이처럼 생각만 해도 무섭고 심각합니다.

우리는 자유함 속에 바른 언어, 사랑의 언어, 능력의 언어를 사용해야 합니다. 말에 능력이 있는 사람은 삶이 늘 기쁘고 행복하고 활기찹니다. 말의 능력이란 수다를 잘 떨거나 막힘 없이 하는 말을 의미하지 않습니다. 언어와 행동이 일치될 때 일어나는 능력을 말합니다. 언어 표현의 시작이 잘못되면 마치 수렁을 찾아 들어간 것처럼 고통의 길이 되고 맙니다. 성공하는 삶을 살고 싶으십니까? 언어 표현을 잘하십시오. 행복한 삶을 살고 싶으십니까? 언어를 즐겁게 표현하십시오.

용혜원(목사, 시인, 유머자신감연구원 원장)

제1장

언어는
사람의 삶 전체를
움직입니다.

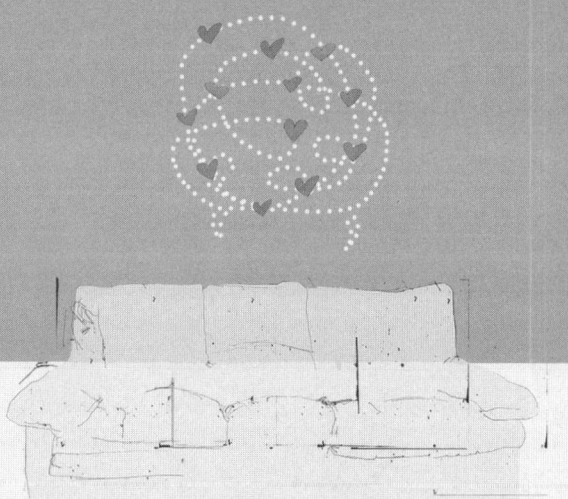

탁월한 언어의 능력

●
언어가 만드는
세계

　언어가 만드는 영역은 정말 대단합니다. 사랑도 언어로 표현되고 모든 문학 작품도 언어로 표현됩니다. 우리들의 가정과 사회 그리고 교회도 언어가 없다면 이루어질 수가 없습니다. 언어는 사상을 만들고 역사를 만들고 문화를 만들어 내며 감정을 자유롭게 표현할 수 있는 도구이기도 합니다. 언어로 자기 의사를 마음껏 표현하기도 하고 상대방의 마음과 생각을 움직이기도 합니다. 서로 마음이 통하게 하여 함께 뜻을 맞추고 꿈과 비전을 이루어 가게 하기도 합니다. 그러므로 언어는 우리의 삶과 믿음 그 자체를 다 표현하고 있는 것입니다.

언어는 삶을 성공하는 세계와 그렇지 않은 세계로 인도하는 힘이 있습니다. 아름답고 풍성한 삶을 살아가는 사람들은 어린 시절부터 생명의 말을 듣고 자란 사람들입니다. 반대로 삶을 파괴적으로 살아가는 사람들은 폭력적인 언어, 곧 죽이는 말을 듣고 자란 사람들입니다. 몸을 파는 직업에 종사하는 사람들의 대부분이 어려서부터 부모에게 육체 폭력뿐 아니라 언어 폭력에도 시달려 온 사람들이라고 합니다. 언어가 사람의 일생을 움직일 수 있다는 것입니다.

벤저민 프랭크린은 "성공의 비결은 남의 험담은 결코 하지 않고 장점을 들추어 주는 데 있다"라고 했으며 셰익스피어는 "모든 사람에게 너의 귀를 주어라 그러나 너의 목소리는 몇 사람에게만 주어라"고 말했습니다. 누구에게 어떤 말을 하느냐에 따라 삶이 달라질 수 있다는 것입니다.

언어 표현이란 우리 행동의 시작과 삶의 시작입니다. 말을 잘못 하면 길을 잘못 들어서는 것과 같습니다. 인간의 모든 행복과 불행이 입에서, 곧 말에서 시작된다고 해도 과언은 아닐 것입니다. 그래서 옛 사람들도 입 조심을 가장 경계하고 조심할 으뜸으로 삼았습니다.

그러나 세상에서 말 조심을 하기란 쉽지가 않습니다. 말은 마치 뛰는 말 같아서 천리 밖까지 퍼져 나갑니다. '발 없는 말이 천리 간다'는 말도 있잖습니까. '낮 말은 새가 듣고 밤 말은 쥐가 듣는다'는 말은 바로 하늘이 듣고 있다는 말을 비유적으로 표현한 것입니다. 한 서린 여자의 저주는 오뉴월에도 서릿발을 치게 하며 한 마디의 말로 천냥 빚을 갚을 수도 있다는 것입니다. 우리가 시의적절한 말을 한다는 것은 은쟁반에 옥구슬을 굴리는 것처럼 지혜로운 행동입니다.

  말이 없으면 행동의 의미를 잃게 되고 삶의 의미까지 상실하게 됩니다. 삶의 의미가 없으면 우리는 살아가지 못합니다. 말을 통하여 우리는 장래에 대한 전망, 통찰력, 이해 그리고 비전을 제시할 수 있습니다. 만약 우리에게 말을 할 능력이 없어서 제대로 표현하지 못하고 산다면 얼마나 많은 고통을 겪게 되겠습니까. 말은 이처럼 우리의 인생과 세상을 만들어냅니다.

●
사랑의 언어는
생명의 언어입니다

변하지 않는 생명과 진리의 말씀이 무엇이겠습니까. 바로 복음입니다. 복음은 우리에게 성령의 인도하심 속에 참된 위로와 격려와 희망을 줍니다. 복음은 두려움과 괴로움, 고립과 수치, 죄책감을 없애 버립니다. 복음은 화해하고 단합하게 하며 용서하고 치유합니다. 평화와 기쁨 그리고 내적인 자유와 감사를 가져오게 합니다. 복음은 그 날개에 사랑을 실어 나릅니다. 사랑의 말은 가장 위대한 행위를 가져오게 합니다. 우리가 말을 생명력 있게 사용할 때 세상을 변화시키는 일에 동참할 수 있습니다.

반대로 우리가 표현하는 말 중에 가장 파괴적인 말은 대결입니다. 대결이란 말의 특징은 편견과 선입견, 독선, 증오, 과장, 거짓을 낳아 서로 미워하게 하고 불신하게 하여 마침내 모든 것을 파괴시켜 버리는 데 있습니다. 모로코 속담에 '말이 입힌 상처는 칼이 입힌 상처보다 깊다'고 했습니다. 우리는 서로 용납하고 감싸주며 사랑해야 합니다. 사랑만 하여도 짧고 짧은 삶을 어찌 미워하고 시기 질투하며 살아가겠습니까. 우리는 주 안에서 서로 사랑해야 합니다. 주님께서 우리를 사랑하셔서 구원하여 주시고 생명의 말씀을 주셨으니 우리도 주님을 본받아 살아야 합니다.

우리가 상대방에게 표현하는 언어가 어떠한가는 매우 중요합니다. 어떤 사람에게 "당신은 더럽고, 바라보기조차 싫으며 교활한 사람"이라고 말한다면 우리는 그 사람과 가깝게 지낼 수 없을 것입니다. 한번 뱉은 말은 몇 년이고 계속해서 해를 끼칠 수 있습니다. 말을 현명하게 선택하는 것은 대단히 중요합니다. 화가 나서 속을 부글거리면서 나쁜 말을 퍼붓고 싶어질 때는 차라리 침묵을 지키는 게 낫습니다. 화가 나서 내뱉은 순간적인 말은 화해를 힘들게 만들 것입니다. 죽음이 아니고 생명을, 저주가 아니고 축복을 가져다 주는 것은 흔히 침묵을 지키는 것을 선택함으로써, 또는 치유의 길로 향하는 문을 여는 말을 표현함으로 시작됩니다.

사랑도 언어로 표현되기 때문에 사랑을 말로 표현하지 않고서는 사랑이 꽃피고 열매를 잘 맺을 수 없습니다. 우리가 우리들의 부모, 사랑하는 자녀, 사랑하는 연인, 또는 가까운 친구들에게 "너를 사랑해" "늘 기도하고 있습니다"라고 표현할 때 우리는 그들에게 우리의 마음을 있는 그대로 표현하고 있는 것입니다. 사랑을 말로써 본래 모습 그대로 표현하는 것은 그리 쉬운 일이 아닙니다. 그러나 우리가 사랑을 진실하고 솔직하게 표현할 때 그들이 오랜 세월이 흐른 뒤에도 좋은 기억으로 간직한다는 것을 알게 될 것입니다. 사람들은 지난 날을 추억하기 좋아하고 삶을 되돌아 볼 수 있는 여운을 좋아합니다. 자녀들이 부모에게 "어머니 아버지, 사랑해요"라고 표현할 때 사랑은 흘러서 넘치게 되는 것입니다. 부모가 자녀들을 향하여 "얘들아, 우리들은 너희들을 진심으로 사랑한다."라고 말할 수 있을 때, 사랑은 꽃피우게 될 것입니다. 사랑이 충만하고 그 사랑이 언어로 제대로 표현될 때 가정은 행복이 가득하고 평안한 안식처가 되는 것입니다. 참으로 사랑의 말은 행복을 만들고 생명을 창조하는 힘을 가지고 있습니다. 우리는 사랑의 언어로 우리들의 삶을 아름답게 만들어야 합니다.

●

복을 부르는
입술

우리의 언어 생활은 사랑으로 시작되어야 합

니다. 우리의 삶은 혼자서 이루는 것이 아니라 함께 어울림으로 이루어지고 모든 것이 하나님의 은혜로 인하여 합력하여 선을 이루기 때문입니다. 예수 그리스도, 우리 주님은 육신이 되신 말씀이십니다. 예수 그리스도께서는 말하는 것과 행동하는 것에 하나가 되셨습니다. 우리는 주님의 삶을 본받아야 합니다.

하나님이 주시는 복은 입술을 타고 들어옵니다. 고백, 회개, 찬양, 전도, 기도가 모두 입술을 통해서 이루어지기 때문입니다. 마태복음 12장 37절에 보면 "네 말로 의롭다 함을 받고 네 말로 정죄를 받으리라"고 말하고 있습니다.

"하나님의 말씀은 하나님의 마음의 구현이며 하나님의 사고의 표현입니다. 하나님의 뜻의 전달 수단입니다. 하나님께서는 말씀을 통하여 우리에게 가까이 임하사 그의 사랑으로 우리를 위로해 주시거나 그의 심판으로 우리를 두렵게 하십니다. 하나님의 말씀은 이 세상이 그에 대하여 알고 있는 모든 것의 모든 것으로써 그의 성품의 표현이며 그의 섭리의 역사입니다."

●
말하는 사람은
씨를 심는 사람입니다

말은 그 영향력이 대단하기 때문에 말하기 전에 생각을 많이 해야 합니다. 그럼에도 생각한 것을 다 말하지 말아야 할 때가 있습니다. 그런데 생각 없이 말하는 사람들이 있습니다. 생각이 적은 사람일수록 말을 많이 합니다. 빈 수레가 소리는 더 요란합니다. 생각하지 않고 말하는 것은 목적 없이 쏘는 화살과 같습니다. 생각하지 않고 말하는 사람은 미련한 사람입니다. 그런 사람은 입을 말이 나가는 통로가 아니라 먹을 것이 들어오는 통로로만 사용하는 사람입니다. 또 생각하려고 하지 않는 사람은 고집쟁이가 될 수 있습니다. 늘 자기가 알고 있는 것에만 머물러 있기 때문입니다.

생각 때문에 내가 있는 것입니다. 우리가 생각하는 것은 곧 살아가는 것입니다. 생각은 언어로 표현됩니다. 생각이 중요하다는 사실을 아는 사람은 말도 신중하게 합니다. 식탁에서 불쾌감을 주는 이야기, 공석에서의 사담, 음식에 대한 불평과 불만, 자기만의 이야기, 타인의 실수만을 탓하는 이야기, 흥미를 주지 못하는 이야기, 신체와 관련된 듣기 거북한 이야기, 때와 장소에 어울리지 않는 이야기를 하면 사람들이 가까이 하지 않게 됩니다.

도자드는 '중상이나 헛소문은 진실보다 빨리 전해지지만 진실만큼 오래 머물지 못한다'고 말했습니다. 진실하고 깊은 생각 끝에 나온 말은 언제나 사람들에게 통하고 마음속에 기억됩니다. 또 생각이 바르면 당연히 바른 언어를 사용하게 되겠죠. S. 존슨은 '언어는 사상의 옷이다. 언어는 민족의 혈통이다'라고 말했습니다. 언어는 마음의 지표이며 거울이기에 더욱더 중요한 것입니다.

우리가 쓰는 말에는 반드시 두 가지가 들어 있어야 합니다. 그것은 바로 사랑과 진리입니다. 말하는 사람은 씨를 심는 사람이고, 듣는 사람은 거두는 사람입니다. 변론이 적으면 황금이요, 변론이 많으면 티끌인 것입니다.

바른 대화의 원칙은 무엇인가?

에베소서 4:29
"무릇 더러운 말은 너희 입 밖에도 내지 말고 오직 덕을 세우는 데 소용되는 대로 선한 말을 하여 듣는 자들에게 은혜를 끼치게 하라"

잠언 16:24
"선한 말은 꿀송이 같아서 마음에 달고 뼈에 양약이 되느니라"

잠언 25:11
"경우에 합당한 말은 아로새긴 은 쟁반에 금 사과니라"

잠언 18:21
"죽고 사는 것이 혀의 힘에 달렸나니 혀를 쓰기 좋아하는 자는 혀의 열매를 먹으리라"

골로새서 4:6
"너희 말을 항상 은혜 가운데서 소금으로 맛을 냄과 같이 하라 그리하면 각 사람에게 마땅히 대답할 것을 알리라"

골로새서 4:3
"하나님이 전도할 문을 우리에게 열어 주사 그리스도의 비밀을 말하게 하시기를 구하라"

칭찬 한 마디로 두 달을
행복하게 삽니다

하나님의 말씀은 구원과 생명의 말씀입니다. 성경은 한 구절 한 구절마다 우리가 어떤 언어를 사용해야 하는가를 자세히 알려 주고 있습니다. 그러므로 바른 신앙생활을 하며 악에서 떠나 진리 가운데 살아가는 사람은 생명의 언어로 행복한 삶을 살아가게 됩니다.

무디는 "하나님의 말씀을 연구하면 마음이 평온해진다. 우리는 하나님의 말씀 속에서 온갖 어둠을 물리치는 빛, 죽음을 이기는 삶, 주님의 재림에 대한 약속, 영원히 지속될 영광에 대한 보증을 읽을 수 있다."라고 했습니다. 에머슨은 "사람은 자신의 말로 자기의 얼굴을 보여주는 것이다."라고 했습니다.

우리는 우리의 삶 속에서 말씀의 진리를 바로 알아서 바른 언어 생활을 해야 합니다. 그렇게 할 때 선량한 말, 정직한 말, 고운 말, 필요한 말, 큰 사랑을 담은 말, 보다 신중한 말, 조심스러운 말, 다정다감한 말, 따스하게 표현한 말들이 좋은 결과를 가져오게 된다는 것을 삶 속에서 직접 체험할 수 있습니다. 우리 안에 계신 성령의 인도하심 속에 예수 그리스도의 성품을 닮아 진실한 언어를 사용하고 마음속에 가진 생각을 올바르게 전달할 수 있다면 참으로 행복할 것입니다. 예수 그리스도의 말씀이 우리를 구원하고 우리의 기도가 예수 그리스도의 이름으로 응답됨을 분명히 알고 언어를 잘 표현하며 살아야 합니다.

스와힐리 속담 중에 이런 말이 있습니다. '발을 잘못 놀려 쓰러지는 것이 혀를 잘못 놀려 쓰러지는 것보다 낫다.' 마크 트웨인은 "칭찬 한마디를 듣는 것으로 나는 두 달을 행복하게 살 수 있다."고 말했습니다. 하이데거가 '언어는 존재의 집이다. 그 집 속에서 인간은 산다.'고 한 것처럼 우리는 우리가 사용한 언어의 열매 속에서 살아가는 것입니다.

●
진실하고 정직한 언어라야 빛을 발합니다

우리는 언어를 통해서 옳고 그름을 바르게 표현해야 합니다. 사람들은 자신들이 지은 죄를 표현하는 데도

> **언어에 관한 명언**
>
> 대화에서 침묵은 위대한 화술이다. 자기 입술을 닫을 때를 아는 사람은 바보가 아니다. _하드리트
>
> 마음에 없는 말을 하는 것보다는 오히려 침묵을 지키는 것이 유리하다. 조심성 있는 혀는 최대의 보물이며 사리판단을 할 줄 아는 혀는 최대의 기쁨이다. _헤시오도스
>
> 신이 사람에게 하나의 혀와 두 개의 귀를 준 이유는 말하는 것보다 듣는 것을 두 배로 하라는 의미이다. _에픽테토스
>
> 오직 너희 말은 옳다 옳다, 아니라 아니라 하라 이에서 지나는 것은 악으로부터 나느니라
> _마태복음 5:37

정직하고 솔직하게 표현하지 않습니다. 진실은 바로 그리스도인의 삶의 표현입니다. 포그림은 "태양은 우리에게 빛으로 말을 하고 꽃은 향기와 빛깔로 말한다. 구름과 비와 눈은 대기의 언어. 지금 자연은 온갖 몸짓으로 가을을 이야기하고 있다. 그러나 벌레들이 좀먹는 낡은 탁자 앞에서 사람들은 거짓

사랑을 말하고 있다."라고 했습니다. 우리는 하나님 앞에서 나 사람 앞에서 언제나 진실해야 합니다. 진실과 정직은 빛을 발하게 됩니다. 그러나 거짓은 결국엔 버려지고 맙니다.

사람들이 말하는 죄 • • •

1. 사람들은 죄를 '우연한 사고'라고 하지만 하나님께서는 이를 '증오'라고 하십니다.
2. 사람들은 죄를 '커다란 실수'였다고 하지만 하나님께서는 이를 '무지'라고 하십니다.
3. 사람들은 죄를 '결함'이라고 하지만 하나님께서는 이를 '병'이라고 하십니다.
4. 사람들은 죄를 '실수'라고 하지만 하나님께서는 이를 '고의'라고 하십니다.
5. 사람들은 죄를 '황홀한 것'이라고 하지만 하나님께서는 이를 '불행'이라고 하십니다.
6. 사람들은 죄를 '나쁜 버릇'이라고 하지만 하나님께서는 이를 '부정한 것들'이라고 하십니다.
7. 사람들은 죄를 '자유'라고 하지만 하나님께서는 이를 '무법'이라고 하십니다.
8. 사람들은 죄를 '실책'이라고 하지만 하나님께서는 죄를 '미친 짓'이라고 하십니다.

우리들은 똑같은 죄를 표현할 때도 자기 좋은 대로 표현하며, 깨우치고 회개할 생각보다는 요리조리 핑계를 대며 빠져나갈 궁리만 찾으려 하고 있습니다. 그러나 하나님은 바로 지적해서 우리로 하여금 죄악을 깊이 깨닫고 회개하도록 권면하시는 것입니다. 죄를 바로 깨닫게 될 때 바른 고백과 함께 회개가 이루어지는 것입니다. 어떤 죄악도 바르게 알지 못하면 그것은 불행한 것입니다. 죄를 죄로 알 때 하나님의 은혜를 바로 깨닫게 됩니다. 우리는 죄악을 바르게 고백함으로 용서함을 받아야 합니다. 하나님은 모든 죄를 고백할 때 남김없이 용서하여 주시고 구원하여 주십니다.

"악인은 입으로 그의 이웃을 망하게 하여도 의인은 그의 지식으로 말미암아 구원을 얻느니라"(잠 11:9)

"칼로 찌름같이 함부로 말하는 자가 있거니와 지혜로운 자의 혀는 양약과 같으니라"(잠 12:18)

"듣는 자가 너를 꾸짖을 터이요 또 네게 대한 악평이 네게서 떠나지 아니할까 두려우니라"(잠 25:10)

또한 과격하고 격렬한 언어 사용은 피해야 할 것입니다. 마음속에 있는 분노가 폭발할 때 사용하는 언어는 다툼을 일으켜서 서로의 마음을 불행하게 만들어 버립니다. 타인의 마음을 상하게 할 뿐 아니라 사용하는 본인의 감정에도 대단한 무리를 가져오게 합니다. 과격한 언어를 사용하면 삶의 의욕도 사라지고 감정도 정돈이 안 되며 모든 일을 제대로 할 수 없게 됩니다. 이런 말들을 하기 전에 한번 더 생각해야 할 것입니다. 왜냐하면 남에게 상처가 되는 말은 자신에게도 상처만을 남기기 때문입니다.

남에게 상처 되는 말

"할 일 없이 맨날 돌아다니니 그 모양 그 꼴이지!"
"돌대가리야 그 머리 갖고 세상을 어떻게 살아갈래!"
"니가 하는 일이 맨날 그렇지!"
"그렇게는 안 될걸! 그렇게는 안 돼!"
"뭐, 어떻게 하나 그 길밖에 없지!"
"널 보면 네 집안 꼴을 알겠다!"
"널 보고 있으면 앞날이 훤하다 훤해!"

순수한 언어가
오랜 여운을 남깁니다

남과 대화를 할 때 언어를 과장하거나 포장해서는 안 됩니다. 여자의 화장도 20대는 화장, 30대는 분장, 40대는 변장, 50대는 위장, 60대는 포장이라고 말합니다. 우리는 본래의 순수한 자기 표현을 할 때 아름다운 언어를 사용할 수 있습니다. 거짓된 언어의 결과는 불을 보듯이 뻔한 결과를 가져오고 맙니다.

포장이나 위장된 언어가 아니라 마음속에서 우러나오는 진실한 언어로 표현해야 합니다. 언어는 정직하고 순수하게 표현될 때 아름답습니다. 우리들의 언어 표현 속에 잘못된 생각이나 욕심이 들어가면 마치 가면을 쓴 것처럼 다른 사람에게 진실되게 다가가지 못하고 그 사람의 마음을 제대로 움직일 수가 없습니다. 거짓은 잠깐 동안 그럴 듯하나 진실은 참으로 오랜 동안 여운을 남기게 되는 것입니다.

우리의 언어 생활은 포장이나 위장보다 자신의 모습이 있는 그대로 표현되어 서로가 동감할 수 있고 감동할 수 있어야 합니다. 우리의 언어는 언제나 진실의 길, 믿음의 길, 사랑의 길이라는 동반자와 함께 걸으며 표현되어야 합니다.

다른 사람과 나누는 대화에서 사랑의 언어를 표현해야만 합니다. 사랑의 언어는 표현하면 할수록 뜨거운 사랑의 마음이 움터나오게 됩니다. 사랑의 언어 표현은 가장 아름답고 귀한 사랑을 확인하는 시간입니다. 고린도전서 1장 4~7절에 보면 "그리스도 예수 안에서 너희에게 주신 하나님의 은혜로 말미암아 내가 너희를 위하여 항상 하나님께 감사하노니 이는 너희가 그 안에서 모든 일 곧 모든 언변과 모든 지식에 풍족하므로 그리스도의 증거가 너희 중에 견고하게 되어 너희가 모든 은사에 부족함이 없이 우리 주 예수 그리스도의 나타나심을 기다림이라"고 말하고 있습니다. 말에 생명과 의미를 주기 위해서는 감정을 바르게 담아 말해야 합니다. 말에 의미가 부여되면 소망은 현실로 나타나게 됩니다. 그러면 사랑의 언어를 함께 표현해 보겠습니다.

사랑의 언어 •••

1. 하나님은 당신을 사랑하십니다.
2. 당신은 하나님의 걸작품입니다.
3. 기도하겠습니다.
4. 하나님이 축복하실 것입니다.
5. 주님과 항상 동행하시기 바랍니다.
6. 주님의 축복을 받으시기 바랍니다.
7. 아름답습니다.
8. 멋집니다.
9. 신이 납니다.
10. 재미있습니다.
11. 감동적입니다.
12. 사랑합니다.
13. 성공할 수 있습니다.
14. 잘 이겨내셨습니다.
15. 늘 하나님의 인도하심을 받으세요.
16. 하나님께 영광을 돌리시기 바랍니다.

　어떤 언어를 표현하며 살아가느냐 하는 것은 지금 마음속에 무엇이 어떻게 자리잡고 있는가를 보여주는 것입니다. 새들도 제 이름으로 울고 풀과 나무들도 제 이름으로 꽃을 피우고 열매를 맺습니다. 그리스도인이며 하나님의 자녀라면

> **할수록 좋은 말들**
>
> 1. 마음을 넓고 깊게 해주는 말-미안해
> 2. 겸손한 인격의 탑을 쌓는 말-고마워
> 3. 날마다 새롭고 감미로운 말-사랑해
> 4. 사람을 사람답게 해주는 말-잘했어
> 5. 화평과 평화를 이루는 말-내가 잘못했어
> 6. 모든 것을 덮어 하나가 되게 해주는 말-우리는
> 7. 세상에서 가장 귀한 보배로운 말-친구야
> 8. 봄비처럼 사랑을 쑥쑥 키워주는 말-네 생각은 어때?

믿음의 언어, 사랑의 언어, 생명의 언어를 사용하는 것은 지극히 당연한 일입니다. 칭찬과 격려를 하면 듣는 이나 하는 이 모두의 마음에 평안과 기쁨이 가득해집니다. 이 평안과 기쁨은 얼굴에 나타나고 서로의 마음에 따뜻하게 전달됩니다.

걱정만으로 쓸데없이 힘을 낭비하지 말아야 합니다. 걱정은 아무런 도움을 주지 않습니다. 걱정만 하고 있는 것은 쓸데없이 운동량을 낭비하는 것과 같습니다. 걱정이란 속임수

> **행복의 비결을 가르쳐 주는 말**
>
> 1. "감사합니다"의 고마운 마음으로
> 2. "죄송합니다"의 미안한 마음으로
> 3. "덕분입니다"의 겸허한 마음으로
> 4. "사랑합니다"의 애정의 마음으로
> 5. "해보겠습니다"의 충성의 마음으로
> 6. "기도하겠습니다"의 믿음의 마음으로
> 7. "전도하겠습니다"의 영혼 구원의 마음으로

와 희미한 안개로 구성된 적입니다. 새로운 시도를 해야 합니다. 해결할 수 없는 걱정거리는 말씀과 기도를 통하여 하나님께 의지해야 합니다. 우리는 희망의 언어를 사용해야 합니다. 우리에게 희망은 가능성을 만드는 생명선과 같은 역할이 됩니다.

2장

언어에는 놀라운 능력이 있습니다

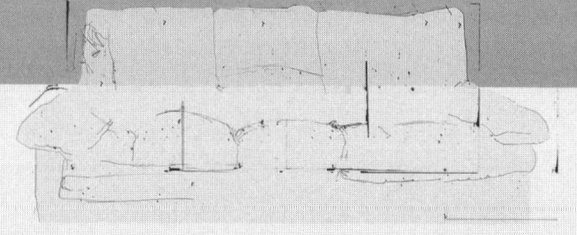

 탁월한 언어의 능력

●
슬기로운 사람의 혀는
남의 아픔을 아물게 합니다

　우리가 그리스도인으로서 사용하는 언어는 위대한 능력을 나타냅니다. 예수 그리스도를 찬양하고 고백하고 시인하고 전하는 모든 것들도 언어로 표현됩니다. 로마서 10장 13절에 보면 "누구든지 주의 이름을 부르는 자는 구원을 받으리라"고 말씀하고 있습니다. 하나님의 말씀은 놀라운 능력이 있습니다. 구원의 능력, 치유의 능력, 새로운 변화의 능력이 있습니다. 사람은 자신이 말하는 대로 살아간다는 말이 있습니다. 담판으로써 수많은 적을 몰아내기도 하고 사업을 흥하게도 하고 망하게도 합니다. 사람을 슬프게도 만들고 기쁘게도 만듭니다. 또 언어는 사람을 죽게도 하며 죽게 된 자를 살려내기도 합니다.

언어는 사랑을 고백하게도 하고 이별의 아픔을 갖게도 합니다. 사람을 성나게 하는가 하면 성난 사람을 즐겁게도 합니다. 원수를 친구로 만드는가 하면 친구를 원수로 만들 수도 있습니다. 이렇게 말은 엄청난 힘을 가지고 있습니다. 우리에게는 수천만금보다 더 값진 말 곧 언어가 있다는 사실을 먼저 알아야 합니다. 이렇듯 엄청난 힘을 우리의 참된 삶에 잘 사용한다면 생각할 수도 없는 놀라운 결과를 가져오게 된다는 사실을 깨달아야 합니다. 골로새서 3장 8~10절에는 "이제는 너희가 이 모든 것을 벗어 버리라 곧 분함과 노여움과 악의와 비방과 너희 입의 부끄러운 말이라 너희가 서로 거짓말을 하지 말라 옛 사람과 그 행위를 벗어 버리고 새 사람을 입었으니 이는 자기를 창조하신 이의 형상을 따라 지식에까지 새롭게 하심을 입은 자니라"고 말씀하고 있습니다.

대화할 때 첫인상을 좋게 하는 방법 10가지 · · ·

1. 부드러운 음성으로 밝게 이야기를 합니다.
2. 상대방이 편하도록 좋은 자세를 가져야 합니다.

3. 여유 있는 마음으로 해야 합니다.
4. 튀지 않는 옷을 입는 것이 좋습니다.
5. 머리 모양이 깔끔하면 더 좋습니다.
6. 바라보는 시선이 편해야 합니다.
7. 인사를 바르게 해야 합니다.
8. 자신의 소개를 자연스럽게 해야 합니다.
9. 상대방에 맞는 언어를 선택해야 합니다.
10. 상대방의 이야기도 잘 들어주어야 합니다.

대화를 나누는 것은 참으로 중요합니다. '무엇을 말하는가'는 대화의 주제를 말하는 것입니다. 대화의 목적이 분명하지 않으면 지루해지고 불편해집니다. 누구에게 왜 무엇을 말하는가는 대화에 있어서 가장 중요한 것입니다.

대화가 오고가면 서로가 이해하게 되지만 대화가 자주 이루어지지 않으면 추측과 억측이 난무하고 가십과 루머가 꼬리에 꼬리를 물게 됩니다. 오해보다 이해가 되어야 대화가 통하게 됩니다. 흉금을 털어놓고 허심탄회하게 대화를 나눌 수 있다면 그것보다 좋은 일은 없습니다. 대화는 우리에게 대인관계의 폭을 넓혀 줍니다. 대화 없는 생활은 상상할 수 없는 것입니다. 아침 잠자리에서 눈을 뜨고 일어나 하루종일 활동하고 다시 밤늦게 잠자리에 들어 코를 골 때까지 우리는 잠시도 남과 더불어 대화하지 않고 살아갈 수 없는 시대가 되었습니다. 대화는 삶에 있어서 긴요한 생활 수단입니다. 대화를 잘 배워 대화에 활력을 가하고 서로 좋은 생각 속에서 대화를 할 수 있다면 참으로 멋진 생활을 해 나갈 수 있을 것입니다.

우리가 차분한 마음으로 남의 이야기에 귀를 기울이면 좋지 않던 인간관계도 회복할 수 있습니다. 심지어 말이 통하지 않고 많은 사람들로부터 비난을 받거나 문제를 일으키는 사람들과도 잘 지낼 수가 있습니다. 지금부터라도 침묵을 즐기고 남의 이야기에 귀를 기울여야 합니다. 그리고 사랑하는 마음을 가지면 삶에 기쁨과 활력을 되찾을 수 있습니다. 유대 격언에 이런 말이 있습니다. "당신의 친구는 친구를 가지고 있으며 그 친구에게는 또 친구가 있고 그 친구 역시 또 다른 친구가 있다. 그러므로 친구에게 말을 할 때 조심해서 해야 된다." 함부로 내뱉는 말은 비수가 되지만 슬기로운 사람의 혀는 남의 아픔을 아물게 합니다.

●
인격이 말하고
인격이 듣습니다.

우리가 어떤 일을 시작할 때 외치는 "나는 할 수 있다!"는 이 말 한마디가 새로운 변화를 가져다 줄 수 있습니다. 의기소침하여 실망하여 있던 사람에게는 새로운 삶의 변화를 줍니다. 힘있고 강한 언어는 성공과 정상의 길에 오를 힘을 가져다주는 것입니다. 우리는 날마다 마음속의 확신 있는 언어를 입 밖으로 외쳐야 합니다. 그러면 분명히 힘이 생겨날 것입니다. "나는 할 수 있다! 나는 구원받았다! 나는 행복하다!"

바른 대화의 원칙은 무엇인가? • • •

1. 다른 사람에게 솔직하고 진실하고 정직해야 합니다.
2. 다른 사람을 올바른 태도로 대해야 합니다.
3. 다른 사람에게 관심을 가져야 합니다.
4. 타인에게 자신을 거짓없이 개방해야 합니다.
5. 이야기가 듣기 쉬워야 합니다.
6. 대화를 독점하지 말아야 합니다.

7. 이야기 도중에 끊지 말아야 합니다.
8. 이야기의 공백을 잘 메꾸어야 합니다.
9. 친근감 있게 적극적인 자세로 들어야 합니다.
10. 이야기가 유익한 것이어야 합니다.
11. 내용과 표현이 단조롭지 않아야 합니다.
12. 이야기가 때로 감동을 주어야 합니다.
13. 맞장구치면서 들어야 합니다.
14. 이야기가 상대방과 시기에 적합한 것이어야 합니다.
15. 이야기가 여운을 남겨야 합니다.

우리가 서로 나누는 대화는 인격의 만남이요, 인격의 교류입니다. 입이 말하는 것 같으나 입이 말하지 아니하고 귀가 듣는 것 같으나 귀가 이야기를 듣는 것이 아닙니다. 입은 말하는 기관이요 도구요 수단입니다. 그리고 귀 또한 듣는 신체 기관이요 도구요 수단일 뿐입니다. 그렇다면 말하고 듣는 것은 무엇입니까? 그것은 바로 인격입니다. 인격이 말하고 인격이 듣는 것입니다. 그러므로 대화를 인격의 교류라고 말하는 것입니다. 사람들과 대화를 나누다보면 그 사람의 모습이 그대로 표현되는 것을 알 수 있습니다.

조용히 다른 사람의 말에 귀를 기울이는 것은 상대방에게 값진 선물을 주는 것과 같습니다. 누군가 나의 이야기를 들어주었을 때 자신의 기분이 어떠했는지를 생각해 보면 잘 알 수 있습니다. 자신의 이야기를 진심으로 들어주는 사람이 없을 때 얼마나 가슴이 아팠는지 생각해 보면 알 수 있습니다. 상대방이 자신의 이야기를 들어주면 기분이 좋아집니다. 침묵은 우리가 생각하는 것처럼 피동적인 것이 아닙니다. 침묵은 다른 이들을 도울 수 있는 능동적인 힘을 가지고 있습니다. 대화를 나눌 때 우리는 주로 자신의 이야기를 독백처럼 늘어놓는 경향이 있습니다. 누구나 다른 사람이 자신의 이야기를 들어주기 바라지만 잘 되지 않습니다. 이야기를 들어주기를 바랄 것이 아니라 자신부터 남의 이야기를 들어줌으로써 삶을 변화시킬 수 있습니다. 상대 이야기에 귀를 기울임으로써 우리의 관심과 사랑을 표현할 수 있습니다.

위기에 처한 사람들을 위로하는 방법 중의 하나는 그 사람의 이야기를 관심 있게 들어주는 것입니다. 침착하게 그리고 조용히 남의 말에 귀를 기울이면 다른 사람들을 효과적으로 진정시킬 수 있습니다. 특별한 교육이나 능력이 필요한 것은 아닙니다. 잘 아는 사람이거나 처음 대하는 사람이건 간에 관심 있게 이야기를 들어 줄 때 그 사람의 삶을 변화시킬 수 있습니다.

상대방을 설득하는 방법 · · ·

1. 논쟁에서 이기는 최선의 방법은 논쟁을 피하는 것입니다.
2. 상대방의 의견에 경의를 표하고 결코 상대방의 잘못을 지적하지 말아야 합니다.
3. 자신의 잘못은 기분 좋게 인정해야 합니다.
4. 순리적으로 온순하게 이야기해야 합니다.
5. 상대방이 옳다고 대답할 수 있는 대화를 해야 합니다.
6. 상대방으로 하여금 마음껏 이야기하게 해야 합니다.
7. 어떤 의견이라도 상대방 자신이 말한 것처럼 느끼도록 만들어야 합니다.
8. 진심으로 상대방의 입장에서 관찰해야 합니다.
9. 남의 생각이나 희망에 대해서 동정을 가져야 합니다.
10. 사람의 아름다운 감정에 호소해야 합니다.
11. 생각한 바를 적극적으로 표현해야 합니다.

논쟁을 피하는 방법 · · ·

1. 자기와 다른 의견을 기꺼이 받아들여야 합니다.
2. 한번도 생각해 본 적 없는 문제에 부딪혔을 때 그 문제에 관심을 갖게 된 것을 감사해야 합니다.
3. 순간적으로 떠오르는 느낌을 믿지 말아야 합니다. 조용히 지켜보면서 자신의 느낌을 관찰해야 합니다.
4. 감정을 조절해야 합니다. 감정을 제대로 다스리지 못

하여 흥분하면 실수할 수 있습니다.
5. 귀를 기울여야 합니다. 상대방에게 말할 기회를 주어야 합니다. 방해하거나 말을 가로막거나 논쟁하지 말아야 합니다. 오해라는 높은 장벽을 만들지 말고 의견의 일치점을 찾아야 합니다.
6. 실수를 인정하고 실수에 대해 사과해야 합니다. 그러면 상대방이 마음을 누그러뜨리고 논쟁하려는 태도를 늦추게 될 것입니다.
7. 상대방의 생각을 다시 한번 심사숙고하여 신중히 연구 검토하겠다고 생각하고 정말 그렇게 해야 합니다.
8. 상대방이 관심을 가져주는 데 대해 진심으로 감사해야 합니다.
9. 문제를 철저하게 생각할 수 있는 시간을 갖기 위해 감정에 급급해 당장 행동에 옮기려는 태도를 뒤로 미루어야 합니다.

바른 대화를 하려면 잘 들을 줄도 알아야 합니다. 상대방의 말을 듣는 사람의 자세는 어떠해야겠습니까? 상대방이 하는 이야기를 경청해야 합니다. 이것이 가장 중요합니다. 받아들이느냐 마느냐를 결정하기 전에 이야기를 잘 들어야 합니다. 성급하게 결론을 내려 버릴 때가 있기 때문입니다. 이것은 일부분만 아는 것으로 결정해 버리게 되는 것입니다. 바른 대화를 하려면 상대방이 하는 이야기에 모든 주의를 기울여야 합니다. 이야기를 듣는 사람의 주의가 산만하면 혼란이나 오해를 불러일으키게 됩니다. 바른 대화를 하려면 상대방이 하는 이야기를 잘 듣고 올바른 질문을 해야 합니다. 상대방이 하는 이야기의 의도나 목적에 조금이라도 의구심을 갖는다면 대답이나 판단을 내리기 전에 자세히 물어 보아야 합니다. 자신의 견해를 설명하고 그것이 옳은지 확인해야 합니다.

●
상대의 입장에 나를 세워 본 다음 충고해야 합니다.

우리는 남에게 충고를 할 때 내가 한 일이 아니라고 식은 죽 먹듯 얘기하기 쉽습니다. 그러나 충고를 너무 쉽게 생각하면 안 됩니다. 우리는 누구나 실수하고 실패할 때가 있는 것입니다. 그 일을 저지른 사람이 나라면 어떻게 했을까를 먼저 생각해 보아야 합니다.

충고는 타인의 과실이나 실책을 지적하는 일이지 그 사람의 인격을 무시하고 힐난하거나 폭로하는 것이 되면 안 됩니다. 충고의 목적은 과실이나 실책을 또 다시 되풀이하지 않도록 대화로 상대를 깨우치고 이끌고 타이르는 것입니다. 그러나 자칫하면 질책하고 폭로하는 언동으로 비칠 때가 많습니다. 이렇게 되면 감정을 해치든가 원망을 받게 됩니다. 과실과 잘못을 지적하는 말이더라도 따뜻하게 감싸가며 대화함으로 상대를 편안하게 해주어야 합니다. 되도록 상대방의 일을 선의로 해석하고 그 사람의 마음에 호소하도록 해야 합니다.

우리는 살아가면서 여러 가지 문제들과 부딪치게 됩니다. 갑자기 다가오는 문제들 속에서 '어떻게 하면 좋을까?' 하는 생각을 하게 됩니다. 그럴 때면 다른 사람에게 묻고 싶고 충고도 받고 싶어집니다. 시편 37편 30~31절에는 이렇게 말씀하고 있습니다. "의인의 입은 지혜로우며 그의 혀는 정의를 말하며 그의 마음에는 하나님의 법이 있으니 그의 걸음은 실족함이 없으리로다" 우리는 하나님의 자녀로서 지체들을 도와 주어야 합니다. 연약한 지체들을 도와주고 함께해 주는 믿음직한 버팀목이 되어야 합니다. 그것이 바로 주 안의 사랑이며 서로의 마음속에 사랑의 교류가 있어야 충고도 잘 이루어지고 잘 받아들이게 될 것입니다.

우리가 그리스도인이라면 해야 할 말이 있고 하지 말아야 할 말이 있습니다. 하나님께서는 우리에게 남을 축복하라고 하셨지 저주하라고는 말씀하지 않으셨습니다. 이웃을 사랑하라고 하셨지 미워하라고 하지는 않으셨습니다. 비난받지 않으려거든 비난하지도 말라고 하셨습니다. 그리스도인의 삶의 모습과 신앙의 모습은 그들의 행동과 언어에서 나타납니다. 우리가 예수 그리스도를 영접한 하나님의 자녀라면 바른 언어를 통하여 참된 성도의 모습을 보여 주어야 합니다.

충고를 잘 받아들이는 방법···

1. 겸손하게 받아들입니다.
2. 다른 사람의 잘못으로 말하지 않습니다.
3. 내일에 희망을 겁니다.
4. 일을 크게 만들지 않습니다.
5. 상대방의 말을 새겨듣습니다.

충고를 잘하는 법···

1. 사실 여부를 잘 알아보아야 합니다.
2. 원인을 잘 파악해야 합니다.
3. 상대가 납득할 수 있는 증거를 제시해야 합니다.

4. 충고의 기준을 바꾸지 말아야 합니다.
5. 때와 장소를 잘 가려야 합니다.
6. 진심으로 해야 합니다.
7. 애정을 가지고 말해야 합니다.
8. 성실하게 공평하게 겸허하게 용기를 가지고 진심으로 말해 주어야 합니다.
9. 구체적으로 말해야 합니다.
10. 다른 사람과 비교하는 것을 금해야 합니다.
11. 사실보다 확대하지 말아야 합니다.
12. 궁지에 몰아넣지 말아야 합니다.
13. 연관성이 없는 말을 하지 말아야 합니다.
14. 실망시키지 말아야 합니다.

충고 이후에는 • • •

1. 상대방의 아픔을 달래 줍니다.
2. 인내하며 결과를 지켜 봅니다.
3. 효과를 위하여 지혜롭게 반복합니다.
4. 힘과 용기를 주어 새로운 도전의 기회를 줍니다.

하나의 거짓말을 핑계대기 위해서
일곱 가지의 거짓말이 만들어집니다

하나님은 거짓을 가장 싫어하십니다. 하나님은 거짓이 없으신 분이기 때문입니다. 우리는 거짓말에서 떠나야 합니다. 핑계는 핑계를 만들고 거짓말은 다시 다른 거짓말을 만들게 됩니다. 루터는 '하나의 거짓말을 핑계대기 위해서는 일곱 가지 다른 거짓말을 만들어내야 한다'고 했습니다. 우리는 언제나 진리 안에서 살아야 합니다. 거짓은 언젠가 무너져 내리고 말 것이 분명하고 확실하기 때문입니다.

영적인 사람이 피해야 할 말

1. 허망한 말(욥 16:3)
2. 하나님을 거역한 말(욥 34:37)
3. 과격한 말(잠 15:1)
4. 아첨하는 말(살전 2:5)
5. 더러운 말(엡 4:29)
6. 희롱하는 말(엡 5:4)
7. 비판하는 말(마 7:1)

거짓말에 관한 명언

거짓말은 사람들을 죽인다. 그 다음에 진실이 무슨 소용 있는가? _에르만

진실을 말할 용기가 부족한 사람은 거짓말을 한다. _밀러

거짓말쟁이는 항상 맹세를 아끼지 않는다. _코르네이유

농담조의 거짓말이 커다란 슬픔을 가져온다. _보운

어린아이와 바보는 거짓말을 하지 않는다. _헤이우드

거짓은 그 자체로서 죄악일 뿐 아니라 영혼도 죄악으로 더럽힌다. _플라톤

인생에서 무엇보다도 어려운 일은 거짓말을 하지 않고 사는 것이다. 그리고 자기 자신의 거짓말을 믿지 않는 것이다. _도스토예프스키

뛰어난 거짓말쟁이가 아니라면 진실을 말하는 것이 최선의 방책이다. _제롬

가장 나쁜 거짓말은 진실에 가까운 거짓말이다. _지드

8. 어리석은 말(엡 5:4)
9. 강퍅한 말(유 1:5)
10. 거짓말(자신을 위한 거짓말, 이웃을 위한 거짓말, 남을 위한 거짓말을 하지 말라. 골 3:9~10)

거짓말은 진실에서 멀어지면 멀어질수록 또한 그것이 확실한 거짓말일수록 그 피해가 큽니다. 너무나 뻔한 거짓말은 듣는 사람이 아예 무시하거나 들은 척도 하지 않기 때문입니다. 하지만 거짓말과 진실의 경계가 가까워질수록 그 구별이 애매해집니다. 따라서 진실에 가까운 거짓말일수록 그것이 거짓말이라는 것을 구별해내는 것은 거의 불가능합니다. 그러나 하나님은 아십니다. 그러므로 우리는 악의 모양부터 버려야 합니다. 거짓은 거짓을 불러들이고 진실은 진실을 부릅니다.

또한 거짓은 죄를 만듭니다. 성경이 말하는 죄란 인간이 도덕적으로나 법률적으로 짓는 죄뿐 아니라 하나님을 등지고 사는 죄요, 나 자신과 등지고 사는 죄입니다. 하나님의 창조 질서를 파괴한 아담이 자기 주장 곧 거짓말을 할 때 죄를 짓게 되었습니다. 하나님 아버지의 질서를 떠나서 자기 마음대로 살아가는 사람들에게 죄악이, 거짓말이 찾아오게 되는 것입니다. 진리를 떠나 거짓 속에 살 때 돌아오는 것은 결국

> **거짓말을 하기 전에 생각할 것**
>
> 1. 나의 거짓말이 다른 사람에게 얼마나 해를 끼칠 것인가?
> 2. 이 거짓말이 단 한 번으로 끝날 것인가?
> 3. 만일 거짓말이 탄로가 났을 때 정당한 변명을 할 수 있을 것인가? 그 변명이 다른 사람에게 어떻게 들릴 것인가?
> 4. 나의 거짓말이 나의 자존심에 어떤 영향을 미칠 것인가?
> 5. 다른 사람이 나에게 거짓말을 한다면 어떤 느낌이 들 것인가?

타락뿐입니다.

늘 거짓말을 하는 아이가 있었습니다. 그 날도 거짓말을 하다가 엄마에게 들키고 말았습니다. 엄마가 아들에게 말하기를 "이 엄마는 네 나이 때 거짓말을 하지 않았단다. 그런데 너는 왜 거짓말을 하니?" 이 말을 들은 아들은 궁금한 듯이 다시 물었답니다. "그럼 엄마! 엄마는 언제부터 거짓말을 시작하신 거예요?"

거짓말은 사단의 기본적이고 전략적인 활동수단입니다.

거짓말은 사단이 그의 작전 수행을 할 때 사용하는 방법입니다. 그러므로 우리는 그들의 술수에 말려들지 말아야 합니다. 거짓말은 하나님의 방법이 아닌 세상적인 방법의 언어입니다. 거짓말은 죄악을 만들어냅니다. 골로새서 3장 9~10절에 보면 "너희가 서로 거짓말을 하지 말라 옛 사람과 그 행위를 벗어버리고 새 사람을 입었으니 이는 자기를 창조하신 이의 형상을 따라 지식에까지 새롭게 하심을 입은 자니라"고 말씀하고 있습니다.

우리 입술은 축복의 통로도, 저주의 통로도 될 수 있습니다

우리의 입술을 타고 축복도 들어오고 저주도 들어옵니다. 쓸데없고 부질없는 말을 많이 하는 사람은 실패하는 삶을 살아갈 가능성이 많습니다. 특히 그리스도인들은 저주의 말이나 험악한 욕설을 함부로 사용해서는 안 됩니다. 저주를 할 때 습관적으로 다른 사람에게 심판을 내리는 결과가 되기 때문입니다. "지옥에 갔으면 좋겠다!" "벼락이나 맞아라!" "잘 되는가 두고보자!"라고 할 때 그 사람이 잘못되기를 바라는 것이 됩니다. 마음으로 상대방에게 욕설을 퍼붓거나 저주를 하는 것도 마찬가지입니다. 저주는 우리의 마음에서나 입 밖으로도 나와서는 안 될 것입니다. 우리나라 욕이 얼마나 무섭습니까? '저런 똥물에 튀겨 죽일 놈!' '거지 발싸개 같은 놈!' '염병에 걸려 거꾸러 뒈질 놈!' '조놈의 발모가지 손모가지 꽉 분질러 버렸으면 내 속이 시원하겠다!' 이 말들은 엄청난 저주와 상처를 주는 말입니다. 저주는 비극적이며 모순적인 것이기 때문에 해서는 안 되며 피해야만 합니다. 성경은 말하고 있습니다. "너희를 핍박하는 자를 축복하라 축복하고 저주하지 말라" 저주하기보다는 축복하기를 배우고 실천할 때 우리의 삶은 달라지고 전혀 다른 결과를 가져오게 될 것입니다.

주님이 십자가에서 외치신 기도를 들어보십시오. "아버지 저들을 사하여 주옵소서"(눅 23:34). 스데반의 기도를 들어보시기 바랍니다. "주여 이 죄를 그들에게 돌리지 마옵소서"(행 7:60). 우리가 타인에게 사랑의 마음으로 다가가면 저주가 아닌 축복의 역사가 일어날 것입니다. 우리는 이웃에게 영혼을 사랑하는 마음으로 다가가야 합니다. 우리가 만약 다른 이에게 저주를 했다면 다음과 같은 행동을 해야 할 것입니다.

1. 만일 당신이 악으로 갚았다면 하나님과 그 사람에게 용서를 구하시기 바랍니다.
2. 만일 당신이 당신의 핍박자가 아니라 당신에게 초점을 맞췄다면 하나님의 용서를 구하고 그의 필요를 생각해 보시기 바랍니다. 그를 눈여겨보면 이러한 것들은 당신을 대하는 그의 행동과 말 중에 잘 나타날 것입니다.
3. 그를 구원하고 도와 달라고 하나님께 구하십시오. 그의 유익을 위해 구체적으로 기도하시기 바랍니다.
4. 지금 당신이 그에게 할 수 있는 친절하고 선하며 도움이 될 만한 말들을 생각해 보시기 바랍니다.

● 비판 이전에 하나님의 마음을 배워야 합니다.

내가 다른 사람을 싫어하면 그 사람도 나를 싫어합니다. 내가 상대방을 좋아하면 그 사람도 나를 좋아합니다. 내가 웃는 얼굴로 다른 사람을 대하면 그 사람도 웃는 얼굴로 나를 대합니다. 내가 진지하게 다른 사람에게 말하면 그 사람도 진지하게 듣습니다. 하나님은 "행한 대로 갚으리라"고 하셨습니다. 다른 사람에게 비난을 받지 않으려면 남을 비난하지 말아야 합니다.

어떤 사람이 두 개의 화분을 놓고 시험해 보았습니다. 똑같은 화분에 똑같은 꽃을 심어 놓고 물을 주면서 한 화분에는 사랑의 말을 한 화분에는 욕을 했습니다. 그랬더니 사랑을 해주며 정성을 다한 화분에는 아름답게 꽃도 피고 잘 자라는데 매일매일 욕을 해서 물을 준 화분은 시들어서 죽고 말았습니다.

남을 비판하지 말아야 할 이유 7가지 • • •

1. 비판은 악순환을 초래합니다.
2. 나는 다른 사람의 사정을 잘 모르고 있습니다.
3. 나는 형제의 눈 속에 있는 티에 대하여 공평하거나 공정할 수 없습니다.
4. 나는 형제의 눈속의 티를 비판할 만큼 의인이 아닙니다.
5. 잘못된 비판은 하나님의 징계를 초래합니다.
6. 비판을 즐겨하면 외식자, 위선자가 됩니다.
7. 공의로우신 하나님만이 심판할 수 있습니다.

비판을 극복하는 방법 7가지 • • •

1. 자신의 들보를 먼저 깨달아야 합니다.
2. 이기심과 교만을 버려야 합니다.
3. 입장을 바꾸어 놓고 생각하는 훈련을 해야 합니다.
4. 타인의 장점을 먼저 발견하는 습관을 가져야 합니다.
5. 주는 자가 되어야 합니다.
6. 비판자를 도리어 축복하고 사랑해야 합니다.
7. 예수 그리스도의 마음으로 기도해야 합니다.

비판할 때 상대방의 기분을 상하지 않게 하는 방법

1. 우선 칭찬부터 해야 합니다.
2. 단 한 번으로 끝내야 합니다.
3. 부분을 지적하고 강조해야 합니다.
4. 은밀히 해야 합니다.
5. 지나치게 간섭하지 말아야 합니다.
6. 위로의 말로 끝을 맺어야 합니다.

불평 대신 우리의 입을 다스리시는 하나님의 방법을 배워야 합니다

우리는 다른 사람들을 사랑하고 축복하는 삶을 살아가야 합니다. 우리가 진심으로 영혼을 사랑한다면 저주할 수가 없습니다. 우리의 입을 다스리시는 하나님의 방법을 배워야 합니다. 디모데전서 6장 20~21절에 보면 "디모데야 망령되고 헛된 말과 거짓된 지식의 반론을 피함으로 네게 부탁한 것을 지키라 이것을 따르는 사람들이 있어 믿음에서 벗어났느니라 은혜가 너희와 함께 있을지어다"라고 말합니다.

프랜시스 드 살레는 '조심스런 혀'라는 제목의 글에서 이렇게 말하고 있습니다.

《추잡한 말이 절대로 당신의 입에서 나오지 못하게 하라. 당신이 악한 의도가 아니었다 해도, 듣는 사람의 감정이 상할 수 있다. 연약한 사람에게 떨어진 말은 린넨천에 떨어진 기름처럼 퍼진다. 수천의 불결한 생각과 유혹을 이야기할지 모른다. 육체의 독이 입을 통해 들어간다면 영혼의 독은 귀를 통해 들어간다. 그것을 말하는 혀는 영혼을 죽이는 자다. 생각 없이 나에게 말하려 들지 말라. 마음을 감찰하시는 우리 주께서 이렇게 말씀하셨다. "독사의 자식들아 너희는 악하니 어떻게 선한 말을 할 수 있느냐 이는 마음에 가득한 것을 입으로 말함이라"(마12:34). '안젤리카'라는 풀을 먹는 사람은 호흡도 향긋하다. 마음 속에 천사의 성품을 가진 사람은 향긋하게 말한다고 했다. 바울 사도도 불경하고 외설스러운 말은 가까이하지도 말라고 했다. "음행과 온갖 더러운 것과 탐욕은 너희 중에서 그 이름조차도 부르지 말라 이는 성도에게 마땅한 바니라"(엡 5:3). 그는 또 "악한 동무들은 선한 행실을 더럽힌다"고 말했다. 불쑥 던지는 무례한 말은 더욱 해롭다. 날카로운 화살이 더 쉽게 박히는 법이다. 외설이 자극적일수록 마음에 깊이 박힌다. 궤변을 자랑하는 사람은 자기가 하는 말이 무슨 내용인지도 완전하게 이해하지 못한다. 그는 꿀을 모으는 일벌이기보다 쏘아대는 말벌이다. 음탕한 말을 해대는 사람에게서 돌아서라.》

불평하지 말아야 할 이유•••

1. 불평은 하나님의 무한하신 잠재력을 무시하는 태도입니다.
2. 불평은 환경에 대한 악평을 낳게 합니다.

3. 불평하는 마음은 옳지 못한 결론을 너무 성급하게 내리도록 만듭니다.
4. 그릇된 판단은 불평하는 분위기 속에서 만들어집니다.
5. 불평은 자기 연민에 빠지게 만듭니다.
6. 불평은 두려운 마음에서 일어납니다.
7. 억제되지 않은 불평은 언제나 반역을 낳습니다.
8. 불평하는 마음의 마지막 결과는 극심한 불만입니다.

불평은 화를 내게 합니다. 화를 낸다는 것은 우리들 마음의 내부에 도사리고 있는 만성적이고 고질적인 못된 습성이 밖으로 나타나는 것입니다. 마음속의 쓴뿌리를 그대로 나타내는 나쁜 감정, 상한 감정의 표현입니다. 불평은 잘못된 마음속에서 부글거리는 아무 쓸모 없는 거품입니다.

불평은 자기가 방심하는 사이 자기도 모르게 잘못된 길로 접어들게 하는 인간 영혼의 깊숙이 숨겨진 부산물의 표현입니다. 한마디로 말해서 그것은 그리스도인들에게는 합당치 않은 마음의 노출입니다. 불평한다는 것은 인내의 부족, 친절의 부족, 관용의 부족, 예의의 부족, 이해심의 부족, 사랑의 부족 등이 한꺼번에 불만으로 나타나는 것입니다. 불평은 하나님의 말씀과 사랑에서 이탈되었을 때 생기는 어리석은 감정 표현입니다.

우리는 고통이 찾아올 때 불평하게 됩니다. 그러나 고통

속에는 우리가 배우고 느낄 것이 많이 있습니다. 고통은 내가 아직도 살아있다는 증거입니다. 고통은 하나님이 나를 통해서 하시고자 하는 일이 남아 있다는 증거입니다. 고통 중에서 나를 새롭게 고치시고 계시다는 증거입니다. 환난에서 나를 구원하시는 하나님의 구원을 노래하게 하시는 증거입니다. 그러므로 우리는 불평하기보다는 하나님의 뜻을 찾아 감사하는 삶을 살아야 합니다.

●
어떤 상황에서도 여유를 가질 수 있는 그 사람은 성숙한 인격자입니다

삶을 살다보면 만사에 만족만 하며 살아가는 사람들은 없습니다. 누구나 불평과 불만이 생기게 마련입니다. 불평과 불만은 만족하지 못할 때 일어나는 마음의 현상입니다. 이 상태를 숨기려고만 하면 곪아터질 수가 있습니다. 때로는 작은 일을 크게 만들어 당황하게 될 때도 있습니다. 그러므로 불평과 불만이 있는 사람의 마음을 털어놓게 하고 들어줄 필요가 있습니다. 불평이나 불만이 있는 사람이 못마땅한 일을 다 쏟아놓고 나면 속이 후련하고 확 풀려서 의외로 쉽게 해결될 때도 있습니다. 우리들의 삶에는 고통이 필요할 때가 있습니다. 고통이 없다면 도움도 없을 것입니다. 의사가 수술을 하려면 칼을 대야 합니다. 충치를 치료하려면 최소한의 고통은 감내해야 합니다. 고통의 대가는 우리들의 삶에 있어서 분명한 것입니다. 그러나 죄를 지어서 고통을 만드는 것보다 어리석은 일은 없을 것입니다.

습관적으로 매사에 불평과 불만이 가득한 사람들이 있습니다. 매사에 트집을 잡고 못마땅해하고 헐뜯는 사람입니다. 그런 사람들은 삶에 기쁨을 잃고 스스로 그늘진 삶 속으로 빨려 들어가는 것입니다. 우리는 매사에 긍정적인 마음을 가지고 인내하며 풀어나가야 할 것입니다. 다른 사람의 불평과 불만을 들어줄 수 있는 여유가 있고 자기 자신의 불평과 불만도 자연스럽게 나타내 해소할 수 있는 마음의 여유가 있다면 그 사람은 인격을 갖춘 멋진 사람입니다.

힘을 주는 말 한마디 • • •

1. 당신은 다릅니다. 행동으로 보여 주십시오.
2. 역시 능력이 있습니다.

3. 참 대단하십니다. 지켜보고 있었습니다.
4. 당신은 어디에서나 멋진 분입니다.
5. 너무 애쓰지 마세요. 다음엔 너무 힘들 것 같아요.
6. 당신이 없으면 나는 아무것도 할 수 없습니다.
7. 당신은 할 수 있습니다. 지금까지도 그렇게 했으니까요.
8. 좋은 점을 말해 주었습니다. 나도 거기까지는 미처 생각을 못했습니다.
9. 이 일은 당신만이 할 수 있는 일입니다.
10. 당신은 우리들 중의 최고입니다.
11. 대인관계를 참 잘하시더군요.
12. 당신을 믿는 것은 능력이 있으시기 때문입니다.
13. 앞으로 나타날 당신의 능력에 기대가 됩니다.
14. 당신은 미래를 내다보는 눈이 탁월합니다.
15. 당신은 그 일을 못하는 것이 아니라 하지 않고 계시는 것입니다.
16. 앞으로도 계속 힘이 되어 주세요.

우리는 불평을 극복하기 위하여 기도하고 찬양하고 말씀을 상고해야 합니다. 모든 것을 주님께 맡기고 사랑으로 하나가 되는 마음을 가져야 합니다. 타인의 행복을 진심으로 축복하시기 바랍니다. 그것은 동시에 자신을 축복하고 있는 것입니다. 로마의 시인 세네카의 말에 의하면 '인간은 혼자 있으면 반드시 친절하게 할 기회가 있다'고 했습니다. 남을

> **인간관계를 새롭게 해주는 7가지 언어 표현**
>
> 1. 여섯 마디로 된 가장 소중한 말
>   "저는 제가 잘못했다는 것을 인정합니다."
> 2. 다섯 마디로 된 가장 소중한 말
>   "당신은 일을 아주 멋지게 해내셨습니다."
> 3. 네 마디로 된 가장 소중한 말
>   "당신의 의견은 어떤 것입니까?"
> 4. 세 마디로 된 가장 소중한 말
>   "진정 당신이 원하신다면"
> 5. 한마디로 된 가장 소중한 말
>   "우리"
> 6. 가장 중요하지 않은 말
>   "나"

위해서 무언가 하려고 하는 것은 인간의 특성이고 자신을 위한 것입니다.

우리는 행복을 성취하기 위하여 가능한 자주 "행복하다"고 말해야 합니다. 생각이 밭이라면 언어는 씨앗입니다. 좋은 생각에 좋은 말을 심으면 좋은 인생을 거두게 됩니다. 행복을 위해서는 끊임없이 행복한 언어로 말해야 합니다. 감사의 언어, 기쁨의 언어, 사랑의 언어를 가능한 한 의도적으로 많이 말해야 합니다. 누에고치가 자기 입에서 나오는 실로 집을 만들고 살 듯이 우리는 입술의 열매로 살게 됩니다. 행복은 물질 문화보다 언어 문화에 의해서 창조되는 것입니다. 잠언에서도 우리 입의 말로 우리 삶이 결정된다고 말하고 있습니다. 구원과 마찬가지로 행복과 축복도 마음으로 믿고 입으로 시인할 때 우리의 것이 됩니다. 하나님의 말씀이 만물을 창조한 것처럼 믿음의 말이 행복을 창조합니다. 힘들고 피곤할 때도 자기의 삶에 보람과 하나님의 인도하심을 깨닫고 행복함을 시인할 수 있는 그리스도인의 삶을 살아야 합니다.

●
경우에 합당한 말이
가장 좋은 것입니다.

화가 났을 때 상대를 마음껏 공박해 주면 틀림없이 가슴이 후련할 것입니다. 그러나 당한 사람도 나와 같이 후련하지는 않을 것입니다. 싸움하듯 당하고도 기분 좋게 같이 움직여줄 사람은 없을 것입니다. 윌슨은 이렇게 말했습

> **상대방에게 호감을 주는 대화법 10가지**
>
> 1. 말할 때 듣는 입장에서 말하고 들을 때 말하는 입장에서 듣습니다.
> 2. 상대의 호의를 잘 파악하여 호감을 살 수 있는 대화로 이어갑니다.
> 3. 상대방의 자존심을 중시합니다.
> 4. 독선적이고 단정적인 화법을 피합니다.
> 5. 적극적인 열의를 보입니다.
> 6. 생기 있는 말로 물음에 답합니다.
> 7. 상대방의 이야기를 성의 있게 경청합니다.
> 8. 상대방과 같이 흥분하지 않습니다.
> 9. 기쁜 일은 같이 기뻐합니다.
> 10. 여러 사람과 같이 대화할 때 둘이서만 소곤대거나 너무 큰 소리를 치는 것은 모두 금물입니다.

니다. "만약 상대가 주먹을 불끈 쥐고 다가서면 이편에서 질세라 주먹을 쥐고 맞이한다. 그러나 상대가 '서로 잘 의논해 보는 것이 어떻겠습니까? 그리고 만약 의견에 차이가 있으면 그 이유나 문제점을 찾아봅시다' 라고 온화하게 말하면 결국은 의견의 차이는 생각했던 정도로 큰 것이 아니였고, 서로의 인내와 솔직함, 선함을 가지면 해결될 일이였음을 알게 될 것이다."

상대의 마음이 반항과 증오로 가득 차 있을 때는 아무리 이치를 따지며 설명하여도 설득할 수 없습니다. 어린이를 꾸짖는 부모, 권력을 휘두르는 고용주나 남편, 바가지를 긁는 아내 등 이런 경우에는 당사자들이 마음을 바꾼다는 것이 쉽지 않습니다. 그러므로 자기의 의견만을 내세워 무리하게 들뜨게 할 수가 없습니다. 도리어 온화하고 격의 없는 태도로 이야기를 나누면 상대방의 마음을 바꿀 수가 있습니다. 링컨의 말 중에 이런 말이 있습니다. '태양은 바람보다 먼저 코트를 벗길 수 있습니다.' 사람을 대할 때 친절하게 사랑으로 감사하며 대한다면 세상의 모든 성난 소리보다 더 쉽게 사람의 마음을 바꾸게 할 수 있을 것입니다. 링컨의 '1갤런의 쓴 국물보다도 한 방울의 벌꿀을 사용하는 것이 더 많은 파리를 잡는다'는 말처럼 경우에 합당한 말이 가장 좋은 것입니다.

우리가 다른 이들을 칭찬하고 격려하는 마음을 가질 때 더욱 큰 힘이 생깁니다. 칭찬이란 우리의 언어 생활을 창조 언어로 바꾸는 일입니다. 말은 생명의 샘이요, 창조의 씨앗입니다. 말씀으로 만물을 창조하신 것처럼 우리도 하나님의 도우심으로 무에서 유를 창조할 수 있습니다. 그러므로 서로 생명을 불어넣는 말을 하도록 노력해야 합니다. 시편 34편에 보면 "생명을 사모하고 연수를 사랑하여 복 받기를 원하는 사람이 누구뇨 네 혀를 악에서 구하며 네 입술의 거짓말에서 금할지어다"라고 했습니다. 잠언 18장 21절은 "죽고 사는 것이 혀의 힘에 달렸나니 혀를 쓰기 좋아하는 자는 혀의 열매를 먹으리라"고 말씀하십니다.

우리들이 사용하는 언어는 네 가지로 말할 수 있습니다. 입술만을 사용한다고 볼 수 있는 잔소리, 배운 지식을 가지고만 사용하는 지식의 언어, 감정에 따라 달라지는 가슴의 언어 그리고 주님의 사랑과 성령의 인도하심 속에 이루어지는 영성 있는 언어인 영혼의 말입니다.

이들 중에 입술의 언어인 잔소리는 남을 귀찮게 하고 괴롭히는 언어입니다. 그리고 서로에게 불신을 가져다주게 됩니다. 자신의 감정대로만 언어를 사용하며 다른 이의 마음을 몰라주게 되므로 상처를 주게 되는 경우가 있습니다. 우리가 언어를 사용할 때 성령의 인도하심 속에 영성 있는 영혼의 언어를 사용한다면 우리는 주 안에서 놀랍게 변화된 하나님의 자녀다운 삶을 살아갈 수 있는 것입니다. 잠언 기자는 부드러운 말은 분노를 가라앉히지만 거친 말은 화를 돋운다고 했습니다. 우리는 예수 그리스도의 사랑이 듬뿍 담긴 영혼의 언어로 말해야 합니다.

영적인 사람이 인간관계에서 지켜야 할 언어의 교훈··

1. 언제나 편견이 없도록 말해야 합니다.
2. 말은 적게 하고 기도를 많이 해야 합니다.
3. 사람의 약점이 아닌 장점에 맞추어 말해야 합니다.
4. 비평하기보다 칭찬해 주어야 합니다.
5. 화를 내거나 감정을 함부로 표현하지 말아야 합니다.
6. 논쟁을 하지 말아야 합니다.
7. 입이 무거워야 합니다.
8. 약속은 적게 하고 한 약속은 지켜야 합니다.
9. 칭찬과 격려의 말을 해주어야 합니다.
10. 관심과 덕을 나타내야 합니다.
11. 항상 유쾌한 기분으로 말해야 합니다.
12. 협의는 하되 말싸움은 하지 말아야 합니다.
13. 남을 헐뜯는 말은 하지 말아야 합니다.
14. 지나친 농담이나 상스런 말을 피해야 합니다.
15. 자기에 대한 평판을 개의치 말아야 합니다.
16. 특정한 사람만 아는 은어의 사용은 피해야 합니다.
17. 과장하지 말고 진실하게 말해야 합니다.
18. 생각하며 다정하게 말해야 합니다.
19. 남의 말을 중간에서 끊지 말고 끼어들지 말아야 합니다.
20. 공석에서 사람을 책망하지 말아야 합니다.
21. 주장하는 자세보다 설득력이 있어야 합니다.

3장

그 사람의 언어는
그의 됨됨이를
보여 줍니다

 탁월한 언어의 능력

●
언어는
그 사람입니다

　우리의 언어 표현은 우리들의 삶의 모습을 그대로 보여줍니다. 우리가 말하는 표현과 방법을 우리의 인격과 삶의 모습을 그대로 담아내고 있음을 알 수 있습니다. 그러므로 언어사용은 곧 자신을 그대로 보여 주는 것이기에 매우 중요합니다. 언어는 바로 그 사람입니다. 대화를 나누다 보면 곧 그 사람의 모든 것이 그대로 드러나는 것을 알 수 있습니다. 그만큼 언어는 우리들의 삶에 있어서 중요한 것입니다. 말 한마디, 말 한마디가 중요한 것입니다.

환영받지 못 하는 대화법 • • •

1. 훈시적이고 교훈적입니다.
2. 거만하고 뽐냅니다.
3. 딱딱합니다.
4. 험담을 잘합니다.
5. 강제적이고 명령적입니다.
6. 수치심을 갖게 합니다.
7. 빈정대거나 핀잔을 잘 줍니다.
8. 남 앞에서 잘 꾸짖습니다.
9. 상대의 결점만을 파헤칩니다.
10. 날카롭고 융통성 없게 말합니다.
11. 논쟁을 하려고만 합니다.
12. 말로 발뺌을 합니다.
13. 불평을 잘합니다.
14. 과거를 자랑합니다.
15. 변명을 잘합니다.
16. 쓸데없이 길고 지루하게 말합니다.

환영받는 대화법 • • •

1. 의논적입니다.
2. 협조적이거나 부탁조로 말합니다.
3. 전후좌우를 잘 헤아립니다.

> **유머**
>
> 미모가 확실한 남자와 여자가 데이트를 하면
> "참 잘 어울리는 한 쌍이다. 환상이다"
> 못생긴 남자와 미모의 여자가 데이트를 하면
> "저 사람 보기보다 참 능력있네!"
> 잘생긴 남자와 못생긴 여자가 데이트를 하면
> "저 여자 돈이 많나보다!"
> 못생긴 남자와 여자가 데이트를 하면
> "두 사람은 정말 사랑하나보다!"라고 말한답니다.

4. 친밀감을 줍니다.
5. 장점을 찾습니다.
6. 실패를 위로해 줍니다.
7. 적절하게 칭찬해 줍니다.
8. 상대방의 입장이 되어 말합니다.
9. 잘못은 솔직하게 인정합니다.
10. 침착하고 여유 있게 인정합니다.
11. 기분 좋게 대해 줍니다.
12. 온화하게 말합니다.
13. 잘 정리된 정확한 화법을 씁니다.
14. 상대가 하는 말을 잘 듣습니다.

> **유머**
>
> 빵을 만드는 기술자가 있었습니다. 그분이 예배 순서 중에 기도를 드리는데 기도한 목소리가 너무나 컸습니다. 기도가 끝나자 옆에 앉아 있던 친구가 말했습니다.
> "이 친구야! 여기 모인 사람들은 귀가 멀지 않았다구. 물론 하나님도 멀쩡하시구. 기도를 큰 소리로 드리는 대신 빵을 크고 맛있게 만든다면 하나님이 더 기뻐하실걸세!"

　　상대와 이야기할 때 자기 자신부터 자연스럽게 부드러운 분위기를 만들어야 합니다. 그리고 상대를 그 부드러운 분위기 속으로 끌어들인 다음 대화를 시작하는 것이 중요합니다. 처음 만나는 대화 상대자는 어색하기도 하고 경계하는 마음도 있습니다. 그러므로 지나치게 긴장하고 굳어진 태도로 대하거나 허점을 보이지 않으려고 근엄한 표정이나 우울한 표정으로 말을 걸면 상대는 더 굳어지고 주눅이 들어 마음을 열지 않게 됩니다. 우리가 상대에게 마음을 열고 자연스럽고 부드러운 태도로 대화를 시작하면 아무리 딱딱한 사람이라도 기꺼이 대화에 응하게 될 것입니다.

다른 사람의 말을 잘 듣는 10가지 방법・・・

1. 상대방에 대해서 흥미를 갖습니다.
2. 적극적인 표현을 합니다.
3. 공평한 마음으로 대합니다.
4. 여유를 갖고 대합니다.
5. 겸손하게 대합니다.
6. 인내심을 갖고 듣습니다.
7. 부드럽게 생각합니다.
8. 관심 있게 듣습니다.
9. 눈빛이 부드러워야 합니다.
10. 대화에 공감해 주어야 합니다.

 다른 사람과 대화를 나눌 때는 친근감 있는 태도와 부드러운 표정으로 대화를 하면 됩니다. 마음의 문을 활짝 열고 밝은 미소로 잘 들어주면 서로의 마음이 부드럽게 다가가 공감을 이루게 됩니다.

삶을 실패로 만드는 9가지의 말 •••

1. 어차피 실패한다는 것을 나는 알고 있습니다.
2. 나는 누군가와 논쟁하면 언제나 흥분하고 맙니다.
3. 나는 평범한 사람이므로 기회가 없습니다.
4. 내가 그들 뜻대로 되지 않는다는 것을 그들에게 보여 주겠습니다.
5. 이런 부탁을 했다고 해서 나에게 화를 내지 말아야 합니다.
6. 내가 한 일을 이야기하면 틀림없이 나를 바보 같은 녀석이라고 생각할 것입니다.
7. 내가 하고 싶은 일을 하면 감정이 상하지 않을까요?
8. 나는 할 수 없습니다. 할 수 있는 사람에게 넘겨 버리고 손을 떼야겠습니다.
9. 이 일은 나에게 절대로 안 됩니다.

●

비참해지는 지름길
-악평과 불평과 과장

우리가 비참하게 되는 법은 간단합니다. 자기 생각만 합니다. 자기 말만 합니다. '나'라는 말을 최대한 자주 사용합니다. 다른 사람이 말할 때 계속 자기에 대한 자기의 느낌만 말합니다. 자기에 대한 이야기만 골라 듣습니다. 고맙다는 말을 기다립니다. 그리고 한 번 의심해 봅니다. 질투하고 시기합니다. 사소한 것에 민감해집니다.

자기에게 나쁜 말을 한 사람을 절대로 용서하지 않습니다. 매사에 남이 자기 의견에 동의해 주기를 원합니다. 남의 도움을 받고도 고마워하지 않고 심통을 부립니다. 자기한테 돌아올 유익한 말만 듣습니다. 가능한 한 책임을 피합니다. 남을 위한 일은 어떻게든 피하려 합니다. 이기적으로 살아가는 것입니다. 이 방법은 자기 자신을 비참한 존재가 되도록 보장해 줄 것입니다. 이와 반대로 예수를 사랑하는 사람들은 결코 이런 식으로 살아가지는 않을 것입니다. 불신앙은 세 가지의 병에 들게 합니다. 악평과 불평과 과장입니다.

자신의 실패를 과거에서 찾으려고 하는 말들 •••

1. 부모가 무책임했습니다.
2. 부모가 나를 숨막히게 했습니다.
3. 아버지가 나를 버렸습니다.
4. 어머니가 너무 엄했습니다.
5. 어머니가 과보호했습니다.
6. 어머니가 방임주의자입니다.

7. 모두가 나의 요구를 아무것도 해주지 않았습니다.
8. 모두가 나를 위해 아무것도 해주지 않았습니다.
9. 집이 너무나 종교적입니다.
10. 우리 집에는 신앙이 없습니다.
11. 우리 집 자식은 나밖에 없었습니다.
12. 나는 맏이였습니다.
13. 나는 막내였습니다.
14. 나는 무시당하며 살았습니다.
15. 너무 생활이 어려웠습니다.
16. 생활이 너무나 편했습니다.
17. 철거민 촌에서 살았습니다.
18. 아주 큰집에서 살았습니다.
19. 형제들이 나를 싫어했습니다.
20. 양자였습니다.
21. 같이 놀 아이들이 없는 곳에서 자랐습니다.
22. 자유가 없었습니다.
23. 너무 자유로웠습니다.

남을 괴롭히는 말 13가지 • • •

1. 왜 당신이 그런 짓을 하는지 이해할 수가 없습니다.
2. 도대체 어떻게 그런 짓을 할 수 있습니까?
3. 그런 말을 들어본 적도 없습니다.
4. 당신처럼 머리도 좋고 집안도 좋은 사람이 왜 그렇게 밖에 못합니까?

> ### 언어에 관한 명언
>
> 대화에서 침묵은 위대한 화술이다. 자기 입술을 닫을 때를 아는 사람은 바보가 아니다. -하드리트
>
> 마음에 없는 말을 하는 것보다는 오히려 침묵을 지키는 것이 유리하다. 조심성 있는 혀는 최대의 보물이며 사리판단을 할 줄 아는 혀는 최대의 기쁨이다. -헤시오도스
>
> 신이 사람에게 하나의 혀와 두 개의 귀를 준 이유는 말하는 것보다 듣는 것을 두 배로 하라는 의미이다. -에픽테토스
>
> 오직 너희 말은 옳다 옳다, 아니라 아니라 하라 이에서 지나는 것은 악으로부터 나느니라
> -마태복음 5:37

5. 정말 미치도록 당신은 나를 자주 곤란하게 만듭니다.
6. 내가 이해할 수 있도록 다시 말해 보십시오.
7. 내가 얼마나 괴로운지 알고는 있는 것입니까?
8. 지금이 어느 때인데 그런 짓을 하려고 하다니 믿을 수 없습니다.
9. 이런 작은 과자가 뚱뚱한 당신 몸에 나쁘다니 정말 이

해하기 어렵습니다.
10. 당신은 마음속으로 생각하는 것을 조금도 나에게 말해 주지 않습니다.
11. 나를 위해서 희생을 하며 살아주십시오.
12. 내 감정을 함부로 상하게 하지 말아야 합니다.
13. 사과부터 먼저 하십시오.

'어차피'라는 말을 사용하지 않는 것이 좋습니다. "어차피 안 될 것이 뻔해" "어차피 잘 될 리가 없어" "어차피 거절당할 거야" "어차피 틀어질 일인걸"–이런 말들은 우리들의 삶을 잘못된 방향으로 흘러가게 만들고 자신감이 사라지게 만듭니다. '어차피'라는 말은 대부분 무기력한 사람들이 자주 사용합니다. 우리는 적극적이고 확신있는 언어사용으로 꿈과 비전을 이루어 가는 삶을 살아야 합니다.

이 세상에서 가장 아름다운 말을 하는 사람들•••

1. "할 수 있습니다"라고 말하는 긍정적인 사람
2. "제가 하겠습니다"라고 말하는 능동적인 사람
3. "무엇이든 도와드리겠습니다"라고 말하는 적극적인 사람
4. "기꺼이 해드리겠습니다"라고 말하는 헌신적인 사람

말 한마디

1. 부주의한 말 한마디가 싸움의 불씨가 되고
2. 잔인한 말 한마디가 삶을 파괴합니다.
3. 쓰디쓴 말 한마디가 증오의 씨를 뿌리고
4. 무례한 말 한마디가 사랑의 불을 끕니다.
5. 은혜스러운 말 한마디가 길을 평탄케 하고
6. 즐거운 말 한마디가 하루를 빛나게 합니다.
7. 때에 맞는 말 한마디가 긴장을 풀어주고
8. 사랑의 말 한마디가 축복을 줍니다.

짜증을 주는 목소리

1. 차가움을 주는 목소리
2. 무서운 목소리
3. 히스테릭한 목소리
4. 불안하고 침착하지 못한 목소리
5. 까슬까슬하고 거슬리는 목소리
6. 너무 낮은 목소리
7. 너무 큰 목소리

5. "잘못된 것은 고치겠습니다"라고 말하는 겸허한 사람
6. "참 좋은 말씀입니다"라고 말하는 수용적인 사람
7. "이렇게 하면 어떨까요?"라고 말하는 협조적인 사람

8. "대단히 고맙습니다"라고 말하는 감사할 줄 아는 사람
9. "도울 일 없겠습니까?"라고 묻는 여유 있는 사람
10. "이 순간 할 일이 무엇일까?" 생각하며 일을 찾아서 하는 사람

●
부드럽고 사랑스런 목소리를 연습하십시오.

우리들의 목소리는 태어날 때부터 타고나는 천성적인 소리입니다. 그러므로 아름다우면 정말 좋을 것입니다. 호감을 주는 목소리라면 남들의 부러움을 살 것입니다. 하지만 목소리가 좋지 않다고 해서 실망할 필요는 없습니다. 목소리가 전혀 변할 수 없다고 단정하지는 말아야 합니다.

목소리도 훈련에 따라 달라질 수 있습니다. 먼저 본인의 생각과 마음이 중요합니다. 다른 사람에게 부드럽고 따스하게 다가가는 목소리는 우선 자신의 마음을 어떻게 갖고 목소리를 내는가에 달려 있습니다. 가식이 없는 진실한 목소리라면 누구에게나 호감을 줄 수 있는 목소리가 될 것입니다.

우리가 쓰는 언어 중에는 고상한 것도 있고 상스러운 것도 있습니다. 남에게 경어를 사용하는 경우도 있고 반말을

사용하는 경우도 있습니다. 언어 씀씀이에 따라 그 사람의 인격이 나타나는 것입니다.

감동의 말은 우리의 가슴을 뜨겁게 합니다. 칭찬의 말은 우리의 마음을 기쁘게 합니다. 위로의 말은 마음에 위로를 줍니다. 격려의 말은 힘을 줍니다.

"무릇 더러운 말은 너희 입 밖에도 내지 말고 오직 덕을 세우는 데 소용되는 대로 선한 말을 하여 듣는 자들에게 은혜를 끼치게 하라"(엡 4:29)

"우리는 수많은 사람들처럼 하나님의 말씀을 혼잡하게 하지 아니하고 곧 순전함으로 하나님께 받은 것같이 하나님 앞에서와 그리스도 안에서 말하노라"(고후 2:17)

"오직 너희는 믿음과 말과 지식과 모든 간절함과 우리를 사랑하는 이 모든 일에 풍성한 것같이 이 은혜에도 풍성하게 할지니라"(고후 8:7)

"누추함과 어리석은 말이나 희롱의 말이 마땅치 아니하니 오히려 감사하는 말을 하라"(엡 5:4)

> 인생에서 무엇보다도 어려운 것은 거짓말을 하지 않고 사는 것이다. _도스토예프스키
>
> 현명한 자는 긴 귀와 짧은 혀를 가지고 있다. _영국 속담

"누구든지 헛된 말로 너희를 속이지 못하게 하라 이로 말미암아 하나님의 진노가 불순종의 아들들에게 임하나니 그러므로 그들과 함께하는 자가 되지 말라"(엡 5:6~7)

우리들이 표현하는 언어의 내용은 대개 자기 위치나 환경, 직업 등에 따라 다르게 나타납니다. 그러나 성공을 목표로 한 사람은 고상하고 품위 있는 대화 내용을 골라야 할 필요가 있습니다. 또 저속하거나 나의 발전을 가로막는 대화가 오고가는 자리는 필할 수 있으면 피하고, 그렇지 못하면 침묵을 지키는 것이 성공을 위한 지혜입니다. 안병욱 교수가 말했습니다. "말은 인간이 가지는 가장 위대한 무기요, 가장 훌륭한 보배다. 사람은 저마다 자기 말을 한다. 그 사람의 말은 그 사람의 인품을 표현한다. 사람 속에 말이 있고 말 속에

사람이 있다."

우리의 말을 들으려고 귀기울이는 사람들에게 사랑하는 마음으로 다가간다면 우리들의 목소리는 참으로 정감이 넘칠 것입니다. 우리의 관심을 표현할 때 다시 그들이 표현한 사랑의 마음이 우리에게 찾아오는 것을 느낄 것입니다. 우리의 목소리는 사랑의 목소리가 되어야 합니다. 주의 복음을 기쁨으로 감격과 감동으로 전해야만 합니다.

우리가 사용하는 언어의 표현은 다정하게 들릴 수도 있고 화가 난 사람처럼 들릴 수도 있습니다. 우리가 대화를 나눌 때 음성을 저음으로 낮추고 속삭이듯 하는 것도 좋은 방법입니다.

명 연설가의 10가지 성공 비결 · · ·

1. 연설 준비를 철저하게 해야 합니다.
2. 멋진 서두로 청중을 사로잡아야 합니다.
3. 논점을 철저히 고찰해야 합니다.
4. 복음적이고 기쁘게 전해야 합니다.
5. 예화를 적절하게 사용해야 합니다.
6. 열정적으로 강하고 담대하게 말해야 합니다.

7. 대화하듯이 자연스럽게 전해야 합니다.
8. 조리 있고 짜임새 있게 해야 합니다.
9. 제스처를 적절하게 사용해야 합니다.
10. 강렬한 말로 여운을 남겨야 합니다.

우리가 사용해야 할 말 · · ·

1. 용서의 마음을 반영하는 말(엡 4:31~32)
2. 건설적인 말
3. 문제를 해결로 이끄는 말
4. 정죄하지 않는 말
5. 문제에 대한 하나님의 해결을 받는다는 확신의 말
6. 때에 맞는 아주 적절한 말
7. 다른 이들의 필요나 심지어 갈등 관계에 있는 사람들의 필요에 대하여 민감하게 반응하는 말
8. 하나님께서 일하시도록 평안히 침묵할 것을 권면하는 말
9. 우리의 삶뿐만 아니라 갈등 관계에 있는 사람들의 삶 속에서도 하나님이 역사하신다는 긍정적인 소망을 주는 말

4장

유머와 웃음은 행복과 여유를 선물합니다

 탁월한 언어의 능력

●
유머의
힘

　유머는 부드러움과 여유를 줍니다. 주변에서 자신의 삶에 적극적이고 유머가 있는 사람을 보면 참 행복하고 여유롭게 보입니다. 유머는 넓은 의미로 보면 기질, 풍자, 과장, 전의 등이 포함됩니다. 그러나 좁은 의미로 따지면 유머는 남의 웃음을 자아내는 가장 높은 감각이라고 볼 수 있습니다. 사전에 따르면 '일상생활에서 스며나오는 웃음, 품위 있는 재담, 일상사의 모순 등을 인간 고통의 약점으로 또한 관대한 자세로 바라보는 즐거운 기분'입니다.
　유쾌한 웃음은 동서고금을 막론하고 건강과 행복의 상징

으로 통용되어 왔습니다. 빌립보서 4장 4절에 보면 "주 안에서 항상 기뻐하라 내가 다시 말하노니 기뻐하라"고 말씀하고 있습니다. 과학적으로 웃음을 연구하는 전문가들이 조사한 바에 의하면 여섯 살 난 아이는 하루에 3백 번을 웃고 정상적인 성인은 겨우 열일곱 번 웃는다고 합니다. 사이코러지 투데이지는 '웃음이 건강과 행복에 영향을 미치는 원인과 유쾌한 웃음을 자아내는 방법'에 대한 글을 실었습니다. 곧 유쾌한 유머나 웃음이 행복을 증진시키는 이유는 자신의 인생은 자신의 손에 달렸다는 생각과 양심적인 행동 때문이라는 것입니다. 스트레스가 건강에 나쁜 가장 큰 이유는 자신이 스트레스를 받는 상황에 무력하다는 생각 때문입니다. 따라서 이때 밝게 웃다보면 자신이 처한 상황에 여유를 갖고 대처할 수 있게 돼 무력감으로부터 벗어날 수 있다는 것입니다. 그러나 매사를 신중하게만 생각하고 차갑고 냉정한 성격을 가진 사람은 웃음으로 얻을 수 있는 효과가 적은 것으로 나타났습니다. 삶의 활력과 건강을 위해서도 웃어야 할 일이 있으면 확실하게 웃어야 합니다.

인도에서 소외된 사람들을 보살폈던 성녀 테레사가 그와 함께 일할 사람들을 선발하는 기준은 간단했다고 합니다. '잘 웃고, 잘 먹고, 잘 자는 사람'을 뽑았다는 것입니다. 그런

> **웃음에 관한 명언들**
>
> 인간이 웃는 것은 그것이 본성이기 때문이다
> _라볼레
>
> 웃음이 없는 인생은 무의미한 공백이다 _대커리
> 무엇을 두고 웃느냐에 따라서 그 사람의 인품을 알 수 있다
> _파니올
>
> 웃음거리가 될 만큼 남을 웃겨서는 안 된다
> _헤라 클레토스
> 참된 유머는 머리로부터 나오기보다 마음으로부터 나온다. 그것은 웃음에서 나오는 것이 아니라 훨씬 더 깊숙이 놓여있는 조용한 미소로부터 나온다
> _칼라일

사람이 자신의 삶에서도 행복하고 다른 사람들도 잘 도울 수 있습니다. 잘 웃는 사람은 어려운 시험도 잘 이겨내고 남을 위로해 줄 수 있는 사람입니다. 웃음은 우리의 삶을 건강하게 만들어 주고 소속감을 형성시켜 줍니다. 서로의 공감대를 형성해 주고 의심과 불신하는 마음을 없애 줍니다. 거짓 없는 웃음을 웃는 동안은 다른 사람들도 그를 미워하지 않을

것입니다. 웃을 줄 모르는 사람은 남을 위로할 자격이 없습니다. 아무리 잘생긴 사람도 웃을 줄 모르는 사람이면 유쾌한 사람이 아닙니다. 남을 유쾌하게 할 수 있고 남을 선하게 만들 수 있는 사람은 잘 웃는 사람입니다. 또한 잘 먹는 사람입니다. 잘 먹는 사람은 건강합니다. 내가 건강해야 남에게 봉사할 수 있습니다. 잘 자는 사람은 심각한 죄를 가지지 않은 사람입니다. 죄를 지은 사람은 두 다리 쭉 펴고 마음 편히 자지 못합니다. 심각한 죄는 항상 찌푸리고 살게 하고 그러한 사람은 남을 위로할 자격이 없습니다. 테레사가 잘 웃고, 잘 먹고, 잘 자는 사람을 선발한 것도 그런 사람들이야말로 바른 삶을 살아가는 사람이기 때문입니다.

●
분위기를 유쾌하게 만드는
청량제 같은 사람이 되어야 합니다

대화 속에 유머 감각이 있다면 참으로 좋을 것입니다. 지상의 모든 사물 중에 인간에게만 유머 감각이 있습니다. 새들이나 동물들이 나무나 숲이나 강이 웃었다는 말

웃고 살아라

웃음은 우리들에게 매우 기쁜 일입니다.
웃음은 대가를 원하지 않습니다.
그것은 누구에게나 무료이며 피로를 덜어 주고 안락함을 주며 슬픔을 없애 주고 누구에게나 기쁨을 줍니다.
좋거나 나쁘거나 고민하는 사람들에게 위안이 되어 줍니다.
웃음은 우리들의 마음에서 우러나오는 가장 자연스러운 몸짓입니다.
웃음은 약한 마음에 희망을 주며 우리들의 뻔뻔스러움에서 벗어나게 하여 줍니다.
웃음이 우리와 함께할 때 간직하고 나타내야 합니다.
웃음을 가지고 대하는 자는 군중을 이끌 수 있는 힘이 있는 사람입니다.
그는 인상을 쓰는 사람보다 더 많은 일들을 해낼 것입니다.

을 들은 적이 없을 것입니다. 창조주께서 인간에게만 웃음을 선물로 주셨습니다. 그렇다면 웃음을 사용할 줄 알아야 할 것입니다. 진정한 유머는 믿음이 없이는 불가능할 것입니다.

자기 자신에게 전혀 기쁨이 없는데 다른 사람에게 기쁨을 전해 줄 수 없습니다. 만약 있다면 그것은 연극이나 가식일 뿐입니다. 구원의 기쁨이 없는 사람은 쉽게 화를 냅니다. 그들은 삶에서 고난과 역경을 만나면 쉽게 좌절하고 누군가 충고를 해주면 벌컥 화부터 내고 맙니다. 유머는 우리에게 서로의 신뢰를 표시하는 가장 아름다운 것 중의 하나입니다. 적극적이고 긍정적인 사람은 언제나 꿈과 비전과 소망이 가득한 삶을 살아가기에 고난의 눈물을 통해서도 웃을 수 있습니다. 자기에게 화를 내고 고통을 주는 사람에게도 여유롭게 대할 수 있습니다. 웃는 얼굴은 아름답고 보고 있는 이도 기쁘지만 찡그린 얼굴을 보고 있으면 같이 찡그리게 됩니다.

● 자기 자신을 웃어 넘길 수 있는 능력도 필요합니다

우리들의 생활에서 웃음은 하나님이 주시는 큰 선물 중 하나입니다. 여기에 세 가지 질문이 나올 것입니다.

사람들을 웃길 수 있습니까?

그룹이나 동료들 사이에 그 사람이 있으면 어느새 모두가 유쾌하게 되어 웃기 시작합니다. 아니 그 사람과 만나기만 해도 행복감을 느낀다는 명랑한 사람이 있는 법입니다. 웃음을 자아내고 있는 사람들은 하나님의 일을 실천하고 있는 것입니다.

남에게 비웃음을 받아도 태연할 수 있습니까?

비웃음을 당하면 몹시 화를 내는 사람이 있습니다. 또 웃기만 해도 확 혈압이 오르는 사람이 있습니다. 그리스도인은 예수님에 대한 믿음 때문에 세상 사람들로부터 어리석다고 평가되는 경우가 있습니다. 그리스도인이 생활에서 겪는 어려움은 여기에 있습니다. 비웃음을 받더라도 그것을 참을 수 있게 되려면 용기가 필요합니다. 겸손과 용기 이 둘은 아마도 인간 최고의 미덕일 것입니다.

당신은 자기 자신에 대해 웃을 수 있습니까?

여러 가지 의미에서 인생에서의 최대 선물은 자기 자신을 웃어 넘길 수 있는 능력입니다. 때때로 자신이 얼마나 어리석은 일을 저지르는지 얼마나 우스꽝스러운 모습을 보이는

미소
J. 갈로

제 사랑이 보다 풍요로운 것이 되도록
제 사랑에 미소를 곁들여 주옵소서
당신의 미소를 닮아 저도
청아한 선의의 미소를 지을 수 있게 해주십시오
선의로써 그리스도의 메시지를 전할
사명을 지닌 저를 도와주십시오
당신의 도움을 힘입어 저도 미소로써
그리스도의 기쁜 메시지를 전할 수 있게 말입니다
미소로써 걱정과 고뇌를 잊게 해주십시오
이웃과 기쁨을 함께 나누기 위해서입니다
미소로써 걱정과 고뇌를 잊게 해주십시오
이웃과 기쁨을 함께 나누기 위해서입니다
미소로써 이웃에게 친절과 위로를 전하게 해주십시오
제 미소에 얄궂은 비웃음이 섞이지 않도록
언제나 성실하고도 참된 호의를 가득 채워 주십시오
이웃을 위하여 성실하고도 최선을 다할 수 있도록
괴로운 때에도 미소를 잃지 않는 힘을 주십시오
그리고 이 기쁨을 마음 깊숙이 보존해 주십시오
그리고 이 기쁨이 언제나 미소로 변하게 해주십시오
생각과 감정이 다른 이웃에게도
언제나 미소를 머금고 대할 수 있게 해주십시오
이로써 변함없는 정분을 드러내는
마음의 선물을 삼으렵니다
호의에 넘친 미소로써 이웃을 하나님께 이끄는 데
저도 조금이나마 보탬이 되게 해주십시오

지를 분명히 간파하고 자신의 가소로움을 스스로 웃을 수 있게 되면 인생은 훨씬 살기 좋은 것이 될 것입니다. 웃음은 언제나 기분을 상쾌하게 해주는 작용을 합니다. 그 중에서도 스스로가 스스로에 대해 웃을 수 있을 때 더욱 그렇습니다.

●
웃음은 행복을 만듭니다

　　　사람들의 웃음 속에는 진실이 담겨져 있습니다. 사랑하는 이가 웃음을 띄우면 마음에 불을 켜 놓은 듯이 표정이 밝아집니다. 웃음꽃이 활짝 핀 얼굴은 이 세상의 어떤 꽃보다 아름답습니다. 웃음은 행복을 만들어 줍니다. 어떤 화장도 웃음을 만들어낼 수가 없습니다. 자연스러운 웃음은 참 아름답습니다. 얼굴에 웃음이 가득하면 웃는 이나 보고 있는 사람 모두 행복해집니다.

　한 젊은이가 사업에 실패하고서 자살을 하려고 차를 몰고 가던 중 횡단보도에서 잠깐 멈췄다가 막 출발하려는 순간 접촉사고를 일으키고 말았습니다. 앞차에는 아름다운 여성이 타고 있었는데 차에서 내려서 접촉 사고를 낸 곳을 보더니 별 이상이 없자 미소를 지으며 손을 흔들어 보이고 떠났습니다. 자살을 하려던 젊은이는 여성의 미소를 보는 순간 자살하려는 생각을 버렸습니다. 이 여성의 미소를 보는 순간 희망을 갖고 다시 살아야겠다는 생각을 하게 된 것입니다.

웃음은 자신에게나 남에게 참으로 놀라운 일들을 이루어 내는 힘이 있습니다. 웃음은 삶에 활력을 불어 넣어 주고 자신감이 생기게 하며 삶에 여유를 가져다줍니다. 웃음은 우리들에게 꼭 나타나야 할 생리적인 현상이라고 할 수 있습니다. 웃음이 없는 세상이 얼마나 삭막할지 쉽게 상상이 됩니다. 그래서인지 요즘 여성들은 유머가 있는 남자를 좋은 신랑감 후보에 넣는다고 합니다. 역시 웃음의 위력이 얼마나 대단한가를 알 수 있습니다. 우리는 웃음과 행복이 가득한 삶을 살아야 합니다. 웃음은 삶에 리듬감을 주고 삶을 건강하게 해줍니다.

서울에 있는 어떤 식당 주인은 늘 밝은 웃음으로 손님들을 맞이합니다. 그 식당에 들어서면 주인은 이렇게 말합니다. "손님 오셨습니다! 우리 식당에서 제일 좋은 자리로 안내해 주십시오." 그 식당은 옛날 허름한 한옥 식당이라 그 자리가 그 자리지만 오는 손님 모두에게 식당에서 제일 좋은 자리로 안내해 주겠다는 말이 식당 주인의 잔잔한 미소와 함께 손님들의 마음을 편안하게 만들어 줍니다. 음식을 먹고 밥을 볶아 줄 때면 다시 이렇게 말합니다. "손님에게는 우리 식당에서 제일 좋은 양념으로 특별히 맛있게 밥을 볶아 드리겠습니다!" 그 말 역시 모든 손님들에게 하는 말입니다. 그 말을 하면 손님들은 아주 좋아합니다. 상술이기는 하지만 그 식당 주인은 여유가 있고 멋지게 보입니다. 손님을 손님으로 대할 줄 알기 때문입니다. 주인이 손님을 대하는 태도가 자신감이 있고 여유가 있어 보입니다. 웃음은 사랑을 더 풍성하게 만들어 줍니다. 그리고 사람과 사람 사이를 부드럽고 친근하게 만들어 줍니다. 거울을 보면서 웃어 보십시오. 기분이 좋아지는 것을 느낄 것입니다. 웃음은 우리를 행복하게 만들어 줍니다. 웃는 사람 옆에 있으면 덩달아 기분이 좋아집니다. 화를 내는 사람 옆에 있으면 덩달아 화가 납니다. 진실한 마음에서 퍼져 나오는 웃음은 정말 아름답습니다. 오늘의 삶 속에서 웃음 속에 행복을 주는 주인공은 바로 우리여야 합니다.

배꼽을 줍는 방법을 소개합니다

　배꼽 하면 사람들은 웃음을 떠올립니다. 그래서 재미있는 일이 있으면 배꼽과 연관지어서 말합니다. '배꼽 잡았다!' '배꼽 터졌다!' '배꼽 쥐었다!' '배꼽이 늘어났다!' 등 갖가지로 웃음이 있는 삶을 표현하고 있습니다.
　배꼽은 사람의 몸 중앙에 위치하고 있습니다. 그러므로 중심이 행복해하면 삶이 더 행복해지게 마련입니다. 날마다 배꼽이 변화될 정도로 웃음이 터지는 일들이 많이 일어나면 좋겠습니다. 그러면 우리들의 삶에는 따뜻함이 강같이 흘러나올 것입니다.
　어느 강연회에서 일어난 일입니다.
　강사가 어찌나 유머 보따리를 계속해서 풀어내는지 청중이 다 배꼽을 쥐어 잡았습니다. 단 한 사람도 웃지 않은 사람이 없을 정도였습니다. 강의가 끝나자 사회자가 나오더니 이렇게 광고를 하는 것입니다.
　"여러분 지금 강연장 바닥에 여러분 배꼽이 수두룩하게 떨어져 누구 것인지 모르게 되어 있습니다. 그러나 걱정 마십시오. 찾을 방법을 알려 드리겠습니다. 여러분 옷핀이나 바늘을 구해 떨어진 이 배꼽 저 배꼽을 콕콕 찔러 보십시오. 그러다가 여러분 입에서 '아야!' 소리가 나오게 하는 배꼽이 있으면 그 배꼽이 자신의 배꼽이니 얼른 제자리에 찾아 넣고 돌아가시기 바랍니다."

어느 책에 보니까 배꼽을 만든 이유는 누워서 감자를 먹을 때 소금을 넣어 두고 찍어 먹으려고 만들어 놓은 것이라고 하고 배꼽은 하나님이 창조할 때 익었나 안 익었나 찔러 본 것이라는 유머도 있습니다.

날로 삭막해지고 개인주의화되는 세상에서 웃을 수 있는 여유가 있다는 것은 행복한 일입니다. 웃음은 자신의 마음의 변화를 표현하는 것입니다. 스스로 행복하기를 원하는 사람은 신나게 웃을 줄 아는 멋진 사람들입니다. 나도 웃을 줄 알고 남에게 웃음을 줄 수 있는 유머를 하나둘 쯤 준비해서 잘 쓸 수 있다면 우리들의 삶 곳곳에서 배꼽 줍는 일들이 일어날 것입니다.

얼굴 표정과 몸짓에서 알아볼 수 있는 마음 · · ·

1. 우리들의 감정을 가장 잘 나타내 주는 곳은 눈입니

다. 얼굴은 웃고 있지만 눈이 웃지 않는다면 진심에서 나타나는 웃음이라고 할 수는 없습니다.
2. 눈동자가 자꾸만 이리저리로 움직이고 있다면 자신이 없거나 거짓말을 하고 있다는 것입니다.
3. 눈을 똑바로 마주치지 않으려고 하는 사람은 자기 마음을 보여주지 않으려고 감추고 있는 것입니다.
4. 눈을 자꾸 내리깔거나 무언가를 만지작거리고 있는 것은 거부하거나 무관심하다는 것을 보여주는 것입니다.
5. 입을 꾹 다물고 매서운 눈초리로 이쪽을 쳐다보는 사람은 결코 설득 당하지 않겠다는 결심을 하고 있거나 비난하고 싶다는 표현입니다.
6. 지극한 눈빛으로 보고 있다는 것은 어느 정도 만족하고 있다는 것을 나타내 보여 주고 있는 것입니다.
7. 눈가에 웃음이 떠오르고 표정이 부드러운 말로 "아니오" 하는 것은 속으로는 승낙을 하고 있는 것입니다.
8. 손을 끊임없이 움직이거나 평소의 버릇이 나왔다면 침착성을 잃었다는 것입니다.
9. 팔짱을 끼고 있다는 것은 경계심을 갖고 있다는 표현입니다. 이와 반대로 팔짱을 풀고 편안하게 있는 것은 마음을 열고 있다는 것입니다.
10. 몸을 앞으로 내밀면 흥미나 관심을 가졌다는 뜻이지만 뒤로 젖히거나 비뚜름하게 앉았다면 설득 당하지 않으려는 것입니다.
11. 초조한 모습으로 시계를 자주 보거나 불안해하는 것은 다른 일에 정신이 팔려 있다는 것입니다.

> **분노를 푸는 방법 7가지**
>
> 1. 할 말을 해야 합니다.
> 2. 욕구 불만을 숨기지 말아야 합니다.
> 3. 별일 없었던 것처럼 허풍떨지 말아야 합니다.
> 4. 의사 표시를 해야 합니다.
> 5. 욕구 불만을 안겨준 사람을 조용히 만나서 할 말을 해야 합니다.
> 6. 만일 당신이 잘못했다면 사과해야 합니다.
> 7. "해가 지도록 분을 품지 말라"(엡 4:26)는 말씀을 기억해야 합니다.

대화를 나눌 때 중간 중간에 유머를 넣어 이어간다면 한층 더 여유 있고 부드러울 것입니다. '뛰어난 인물은 반드시 유머센스를 지니고 있다'는 말이 있습니다.

웃음은 유쾌한 삶을 만들어 줍니다. 웃음에도 하나의 원칙이 있다고 합니다. 그 원칙이란 우월감이라는 것입니다. 인간도 자신이 우월감을 느꼈을 때 웃는다는 것입니다.

웃음이 유쾌한 것은 긴장에서 해방시켜 주기 때문입니다. 그리고 우리의 마음에 여유를 주기 때문입니다. 마음 상태가 긴장되어 있거나 여유가 없는 사람은 유쾌한 웃음을 웃을 수가 없는 것입니다. 언어를 매체로 하여 서로의 마음이 통하도록 할 때 대화를 원활하게 지속시키는 것이 비교 유머입니다. 대화를 나누면서 유쾌한 유머를 선사하는 것은 좋은 대화의 비결입니다. 성경은 "항상 기뻐하라"고 말합니다. 웃음 있는 삶을 살 때 슬픔은 정복되고 맙니다. 삶에서 웃을 수 있는 마음의 여유가 있는 사람은 행복한 사람입니다.

● 여보, 그냥 같이 삽시다!

우리는 무엇보다도 욕구 불만을 바르게 해소해야 합니다. 그래야만 하나님과 바른 관계를 가질 수 있습니다. 올바른 믿음을 가져야 정상적인 그리스도인의 삶을 살아갈 수 있습니다. 결혼한 지 5년이 지났는데도 부부사이가 영 좋아지지 않은 가정이 있었습니다. 툭하면 부부싸움이 나고 이웃에게도 덕이 되지 않았습니다.

하루는 아내가 말했습니다. "당신과 결혼해서 5년을 살아보아도 서로의 삶에 도무지 도움이 안 되니 이혼을 하고 다른 여자에게 장가를 들어 행복하게 사세요!"

이 말을 들은 남편은 "아니 여보, 당신을 이만큼 만드는데도 5년이 걸렸는데 또 다시 결혼하면 또 몇 년을 기다리란 말이오. 여보, 그냥 같이 삽시다!" 부부는 서로 안고 눈물로 기도를 했습니다. 지금은 행복한 부부로 살아가고 있습니다.

몽테뉴는 분노에 대하여 이렇게 말합니다. '분노는 기묘한 용법을 가진 무기이다. 다른 모든 무기는 인간이 이를 사용하지만 분노라는 무기는 반대로 인간을 사용한다.' 호라티우스는 분노에 대하여 이렇게 경계합니다. '분노는 일시적인 광기이다. 그대가 분노를 제압하지 못하면 분노가 그대를 제압한다.' 세네카는 이렇게 말합니다. '분노로부터 자기를 억제하려면 타인이 노했을 때 그것을 자세히 관찰해 보라.' 우리는 제퍼슨의 말처럼 골이 나거든 무엇인가 말하거나 행하기 전에 열까지 세고 그래도 노함이 걷히지 않으면 백까지, 천까지 세어서라도 분노를 없애야 할 것입니다. 분노는 우리를 금방 후회하게 만듭니다. 분노만도 못한 게 분노입니다. 분노의 무기가 되지 말아야 합니다. 분노를 제압하는 가장 좋은 무기는 미소 곧 웃음입니다. 웃음은 행복한 생활과 유머 속에서 이루어집니다.

유머는 상대를 웃기는 것이어야 합니다. 세련되고 고급스러운 유머일지라도 웃기지 않는 유머는 원래 목적을 상실한 것입니다. 따라서 유머는 일차적인 목적이 남을 웃길 수 있는 것이어야 합니다. 웃음은 우리들의 본능적 생리 현상입니다. 인격 수양의 결과로 정신적인 웃음이 생기는 것입니다. 그러므로 웃음은 삶을 여유있게 해줍니다. 웃는 것은 살아 있다는 표현이며 존재하고 있음을 확인시켜 줍니다. 그러므로 삶에 있어서 유머와 웃음은 그만큼 놀라운 활력과 힘을 가져다줍니다.

웃음이란 사람들이 만족한 상태에서 나타나는 얼굴 표정입니다. 웃음은 현대인의 삶에서 독을 제거하는 생약제입니다. 우리는 웃음을 잃지 않는 삶을 살아야 합니다. 이런 말이 있습니다. "미소는 아무리 주어도 줄지 않는다. 그러나 받는 자는 풍부해진다. 또한 어떤 부자라도 이것이 없이는 결코 풍요로울 수 없으며 어떤 가난뱅이도 이것으로 하여금 풍부해진다." 미소는 그 사람의 인품을 나타내는 값진 매력이다.

뉴욕에 있는 어떤 백화점에서는 여직원을 채용할 때 그 사람의 학력이나 조건보다 사랑스러운 미소를 지닌 여성을 택한다고 합니다. 미소 지은 얼굴은 그만큼 상대를 편하고 포근하게 만들기 때문입니다. 지금이라도 웃어 보면 좋을 것입니다. 그러면 자신도 모르는 사이에 점차 행복한 기분에 젖어들게 됨을 알 수 있을 것입니다.

●
깊은 감동과 여운이 남아야 진정 좋은 유머입니다

우리는 대화를 하거나 남 앞에 서서 이야기를 할 때 유머를 단순한 재밋거리로만 사용하지 말아야 합니다. 유머 속에도 깊은 감동과 여운을 남겨야 진정 좋은 유머입니다. 남을 괴롭히거나 순간적 웃음만을 주기 위한 유머는 도리어 해가 될 수 있습니다. 우리가 유머를 잘 사용하면 효과적이지만 잘못 사용하면 도리어 상처를 주거나 오해를 불러일으킬 수 있습니다. 절대로 남을 괴롭히는 유머는 사용해서는 안 됩니다.

유머의 기초가 되는 요소 10가지···

1. 상대방을 사랑하는 마음이 있어야 합니다.

2. 생각을 부드럽게 해야 좋은 이미지가 떠오릅니다.
3. 여유 있는 마음을 가져야 합니다.
4. 탄력성 있는 정신력을 가져야 합니다.
5. 저절로 흐뭇해지는 분위기를 만들어야 합니다.
6. 서비스 정신이 철저해야 합니다.
7. 즐거움이 기초가 되어야 합니다.
8. 밝은 미소가 있어야 합니다.
9. 정직해야 합니다.
10. 함께하는 마음이 중요합니다.

대화 중에 유머를 효과적으로 사용하는 방법은 다음과 같습니다.

대화 중에 유머를 효과적으로 사용하는 방법 •••

1. 유머를 되도록 짧게 하여야 합니다. 짧은 데서 효과가 나타납니다. 필요 이상의 수식어를 붙이지 말아야 합니다.
2. 남의 말로 하지 말고 자신의 말로 해야 합니다.
3. 가급적 사투리를 사용하지 마시기 바랍니다.
4. 유머가 재미있다고 그것을 다시 되풀이하지 말고 흥미나 관심의 영역을 넓혀야 합니다. 한 번 웃고 나면 그

다음에는 효과가 없습니다.
5. 유머를 말했는데도 웃는 사람이 하나도 없다고 해서 다시 말하지 마십시오. 그러나 왜 웃지 않는가에 대해 유머를 순간적으로 개발하여 다른 각도에서 시도해 지루하지 않게 해야 합니다.
6. 상대방이 깔깔대고 웃을 때 자기는 절대로 웃지 말고 시치미를 떼시기 바랍니다.
7. 유머를 하다가 말을 잊어 버렸다든지 실수를 했을 때에도 상대방은 이미 비슷하게 알아차렸으므로 너무 실망하지 마시기 바랍니다.
8. 유머와 관련된 실제 이름과 장소 때를 말하는 것이 더 효과적입니다.
9. 유머 내용이 청중이나 주변 사람들과 어느 정도 관계가 있는가를 생각하시기 바랍니다. 성도와 불신자, 경험자와 무경험자 사이에 차이가 있습니다. 유머는 청중들과 직접 관계된 것이면 더욱 효과적입니다.
10. 듣는 사람이 상처를 받을 유머는 하지 않도록 미리 생각해야 합니다.
11. 긴 이야기를 하려는 사람은 유머를 몇 개 준비해 가는 것이 효과적입니다.
12. 분위기가 좀 어색하게 돌아갈 때 유머를 써야 합니다. 논쟁이나 열기가 오를 때, 방향을 바꾸거나 냉각시킬 필요가 있을 때 적절한 유머를 사용하는 것이 좋습니다.

유머를 잘 쓰는 사람은 인간 관계가 좋고 친교 관계가 잘 이루어집니다. 유머는 순발력으로 나타나지만 재미있는 말이나 사건을 들은 것이 있으면 노트에 메모해 놓는 것이 나중에 활용하기에도 좋습니다. 웃음은 인간의 질병을 예방하고 또 질병을 치료하는 데 상당한 효과가 있습니다. 웃음을 잘 사용하면 스트레스로 가득한 복잡한 사회에서 정신적, 사회적으로 도움이 될 수 있습니다. 건강한 웃음은 인간 사이에 유대 관계를 놓여주고 긴장감을 줄여주고 불안감을 해소시키며 희망을 불어넣고 드디어 우리에게 건강을 주는 것입니다. 웃음이야말로 과거의 상처를 치료해 주고 즉시 그 효과를 높여주는 좋은 것이라고 할 수 있습니다. 우리가 언어를 잘 사용하여 다른 사람들에게 웃음을 주는 것은 행복한 일입니다. 웃음은 사랑을 촉진시켜 주고 인간관계를 친근하게 만들어 줍니다.

행복을 가져다주는 웃음의 종류 • • •

폭소: 갑자기 터져 나오는 웃음
홍소: 입을 크게 벌리고 떠들썩하게 웃는 웃음
희소: 기쁜 웃음

교소: 귀염성스럽게 웃는 웃음
대소: 소리내어 크게 웃는 웃음
미소: 소리를 내지 않고 방긋이 웃는 웃음
방소: 큰 소리로 웃는 웃음
치소: 바보 같은 웃음

해로운 웃음의 종류 • • •

가소: 거짓 웃음, 같잖아서 웃는 웃음
간소: 간교한 웃음
경소: 남을 업신여기는 웃음
검소: 칼같이 날카로운 웃음
고소: 쓴웃음
기소: 업신여겨 비웃음. 조롱하여 비웃음.
냉소: 쌀쌀한 태도로 비웃음
비소: 코웃음
조소: 비웃음
치소: 빈정거리며 웃는 웃음

각양 각색의 사람들의 웃음의 종류 • • •

1. 여자가 좋아하는 남자 앞에서 웃는 웃음소리는
   호 호 호 (好好好)
2. 사장이 사원들을 모아놓고 한바탕 웃는 웃음소리는
   하 하 하 (下下下)

털어놓고 이야기하십시오 마고

자신을 표현하십시오.
당신의 행동이
당신을 대변하도록 하십시오.
당신을 있는 그대로
아끼지 말고 나타내십시오.

매일매일 새로운 것을 배우십시오.
이미 할 줄 아는 일도
되풀이해 연습하십시오.
자신을 몇 가지 일에
국한시키지 마십시오.
항상 방심하지 마십시오.

선택하고 도전하고 반응하고
그리고 음미하십시오.
스스로 알아서 하십시오.
할 일을 선택해서
스스로를 위해 하십시오.

만약 당신이 무인도에
혼자 남게 된다면
모든 것을 스스로 할 것입니다.
단지 살아남기 위해서
당신은 매우 창의적으로 될 것입니다.

왜 집에서는
당신만이 할 수 있는 높은 수준으로
살아가려 하지 않습니까?

3. 노총각이 먼 하늘을 바라보며 허탈하게 웃는 웃음소리는
   허 허 허 (虛虛虛)
4. 선생님을 골탕먹인 여학생들이 즐거워하며 웃는 웃음소리는
   희 희 희 (喜喜喜)
5. 만선을 이루고 돌아오는 어부들이 웃는 웃음 소리는
   해 해 해 (海海海)
6. 남자들이 여자들만 보면 그저 좋아서 웃는 웃음소리는
   걸 걸 걸 (乞乞乞)
7. 점쟁이가 손님의 눈치를 살피며 웃는 웃음소리는
   길 길 길 (吉吉吉)

알랑은 '아름다운 의복보다는 웃는 얼굴이 훨씬 더 인상적이다. 기분 나쁜 일이 있더라도 웃음으로 넘겨 보라. 찡그린 얼굴을 펴기만 하는 것으로 마음도 따라서 펴지는 법이다. 웃는 얼굴은 얼굴의 좋은 화장일 뿐만 아니라 생리적으로도 피 순환을 좋게 하는 효과가 있다. 웃음은 인생의 약이다'라고 했습니다. 우리는 웃음 곧 유머가 있는 행복한 삶을 살아야 합니다. 바른 언어의 능력을 통하여 자신의 삶도 행복하고 다른 이들의 마음에도 행복한 웃음이 있도록 하여야 할 책임이 있습니다.

유머 감각은 유머를 받아들일 수 있는 여유만 있으면 누구나 깨우칠 수가 있습니다. 남이 웃길 때 신나게 웃을 수 있는 사람은 유머 감각이 있는 사람입니다.

5장

말에는
창조하는 힘이
있습니다

 탁월한 언어의 능력

●
말과
창조

    말에는 창조하는 힘이 있습니다. 하나님이 말씀하실 때 하나님께서는 창조를 하십니다. 하나님이 "빛이 있으라"고 말씀하시자 빛이 창조되었습니다. 하나님은 빛을 말씀하신 것입니다. 하나님의 말씀과 창조는 동일한 것입니다.

    하나님께서 태초에 말씀으로 천지를 창조하셨습니다. 모세 실바는 하나님의 창조하심에 대하여 이렇게 말하고 있습니다. '하나님께서는 아무런 설계도나 준비 작업도 필요로 하지 않으셨을 뿐만 아니라 노동력을 조직하거나 혹은 상당

기간 동안 손수 수고를 하실 필요도 전혀 없으셨다. 단지 말씀하기만 하면 그것으로 충분했고 모든 것은 그 말씀대로 이루어졌다. 그것들이 여호와의 이름을 찬양할 것은 저가 명하시매 지음받았음이로다' 그러므로 천지는 하나님의 말씀의 능력으로 창조된 것임을 우리는 말씀을 통하여 확신할 수 있습니다. 우리를 구원하신 예수 그리스도께서도 말씀이 육신이 되어 이 땅에 오셔서 십자가에 달리사 그 보혈의 은혜로 우리를 구속하여 주셨습니다. 이토록 말씀이 중요합니다.

하나님께서 모든 창조물 가운데 인간에게 언어를 주신 것도 우리에게 베푸신 아주 특별한 사랑의 은총입니다. 이를 볼 때 하나님의 말씀과 인간의 언어가 아주 중요한 관계를 가지고 있음을 알 수 있습니다.

하나님께서 아담에게 모든 동물의 이름을 지으라고 하시고 아담이 동물들의 이름을 그 동물에 맞게 지은 것을 보면 참으로 놀라운 언어의 지혜를 아담에게 주신 것을 알 수 있습니다. 아담이 쓰던 언어는 지금 우리가 쓰는 언어와 다르겠지만 우리가 호랑이를 보면 호랑이같이 생겼고 하마를 보면 하마같이 생겼고 뱀을 보면 뱀같이 생겼습니다.

간접적이기는 하지만 아담이 언어의 능력으로 지혜롭게 표현한 것임을 알게 됩니다. 그러므로 골로새서 3장 16~17절의 말씀처럼 "그리스도의 말씀이 너희 속에 풍성히 거하여 모든 지혜로 피차 가르치며 권면하고 시와 찬송과 신령한 노래를 부르며 감사하는 마음으로 하나님을 찬양하고 또 무엇을 하든지 말에나 일에나 다 주 예수의 이름으로 하고 그를 힘입어 하나님 아버지께 감사하라"는 말씀을 따라 살아야 합니다. 마태복음 4장 4절에서도 "사람이 떡으로만 살 것이 아니요 하나님의 입으로부터 나오는 모든 말씀으로 살 것이라"고 하셨습니다.

●
훈련된 언어 생활은 해가 지날수록
새로운 기쁨을 줍니다

우리는 바로 말의 창조적인 힘을 되찾아야 합니다. 그러므로 말의 사용은 대단히 중요한 것입니다. 우리가 "당신을 사랑합니다!"라고 말할 때 그리고 그것을 진심으로 말할 때 우리는 사랑하는 사람에게 새 희망과 새로운 용기를 줄 수 있습니다. 우리는 언어생활을 절제하고 다스리는 일을 해야 합니다. 이렇게 하는 데는 고된 훈련과 노력이 필요합니다. 훈련된 언어생활은 해가 지날수록 새로운 기쁨을 줍니다. 혀는 보통 사람을 아름다운 사람으로 만들어 줍니다. 혀는 상처 나고 할퀸 자국을 치료할 수 있습니다. 혀는 흥분해서 성질부리는 것을 가라앉게 할 수 있습니다. 혀는 낙담한 영혼에게 소망을 줄 수 있습니다. 혀는 우리의 삶의 방향성을 가리킬 수 있습니다.

창조하는 마음은 창조하는 힘이 있고 바른 언어와 능력 있는 언어를 사용하게 합니다. 조셉 에디슨은 '좋은 성품은 재치 있는 말보다 더 기분 좋게 해주며, 단순한 미모를 넘어서 호감을 줄 수 있는 표정을 짓게 한다'고 했습니다. 우리는 예수 그리스도의 온유하고 겸손하신 성품을 닮아 언어를 표현해야 합니다. 우리가 믿음과 확신을 갖는다면 말씀 안에서 성공을 부르는 탁월한 언어의 능력을 소유하고 표현하게 될 것입니다. 또한, 그렇게 계속해서 창조적인 언어를 사용한다면 자신의 몸과 영혼을 새롭게 움직여 나갈 수 있습니다. 창조력이 있는 믿음의 언어를 사용하면 우리는 무한한 가능성을 발견하고 더욱더 믿음 있는 삶을 살아가게 됩니다. "나는 구원받았다!" "나는 성령 충만하다!" "주님이 나와 함께하신다!"는 이 믿음의 말을 시인하며 고백하고 전할 때 영성이 더욱더 충만해집니다. 그러므로 우리의 생각을 적극적으로 변화시켜야 합니다.

작은 지체인 '혀'는 크기와 달리 놀라운 위력을 가지고 있습니다

　　마태복음 12장 34절에 보면 "마음에 가득한 것을 입으로 말함이라"고 말씀하고 있습니다. 하나님께서는 우리의 말을 가치가 있게 하기 위해서 "서로 주님에 대해서 많이 이야기를 하라"로 하시며 그렇게 할 수 있는 구체적인 방법을 제시하여 주십니다. 에베소서 5장 19절에 보면 "시와 찬송과 신령한 노래들로 서로 화답하며 너희의 마음으로 주께 노래하며 찬송하며"라고 말씀하고 있습니다.

　우리들이 사용하는 말은 삶에 있어서 가장 중요합니다. 어떤 언어를 사용하는가를 살펴보면 그 사람의 삶의 모습이 그대로 전달되기 때문입니다. '내뱉는 말에는 지우개가 없다'는 말이 있습니다. 언어를 사용할 때 한마디 한마디가 매우 중요하다는 것을 알려주는 말입니다.

　간혹 남에게 해서는 안 될 말을 하여 사이가 나빠지거나

> **아름다운 혀**
>
> 1. 아름다운 혀는 조용한 혀입니다.
> 2. 아름다운 혀는 감사하는 혀입니다.
> 3. 아름다운 혀는 예수 그리스도를 증거하는 혀입니다.
> 4. 아름다운 혀는 깨끗한 혀입니다.
> 5. 아름다운 혀는 친절한 혀입니다.
> 6. 아름다운 혀는 진실한 혀입니다.
> 7. 아름다운 혀는 험담하지 않는 혀입니다.
> 8. 아름다운 혀는 만족하는 혀입니다.
> 9. 아름다운 혀는 소박한 혀입니다.

자신에게 어려운 상황을 만드는 경우가 있습니다. 화나게 만들고 떠나가게 만들게 되는 경우가 종종 있습니다. 이미 내뱉은 말을 지울 수 있는 지우개는 없습니다. 화가 머리끝까지 오른 사람에게 서툰 변명을 해보아도 도리어 더 화나게만 할 뿐입니다.

우리의 삶에 많은 문제들이 대화에서 시작되는 경우가 있습니다. 주고 받는 대화가 잘못되어 싸움이 일어나고 살인까지 저지르게 되는 경우도 있습니다. "사람은 남에게 경멸당

했다고 느꼈을 때 가장 화가 난다"는 말이 있습니다. 우리의 자존심이 상처를 입었을 때 분노가 폭발하게 되는 것입니다. 대화를 나누다가 흥분 상태가 될 때는 그 원인을 파악하거나 대응책을 찾는 것은 나중 문제이고 도리어 상대방의 이야기를 찬찬히 들어주는 인내심이 필요합니다.

혀는 작은 지체이지만 큰 것을 자랑하며 온 몸을 더럽히는 위력이 있습니다. 선장이 배의 작은 키를 잘 조정하여 큰 배를 움직이듯이 우리는 지체 중에서 작은 지체인 혀를 잘 제어하는 법을 배워 생활을 바르게 해야 합니다. 우리의 언어 생활이 바르게 되지 않으면 삶에 문제가 일어나기 쉽습니다. 말을 통해서 원만한 대인관계도 가질 수 있고, 그렇지 못할 수도 있습니다. 우리는 날마다 혀를 통제하며 살아야 합니다. 우리의 혀는 악을 발하기가 쉽기 때문입니다.

그러므로 우리는 용서를 반영하는 말을 사용해야 합니다. 건설적인 말과 문제를 해결로 이끄는 말을 해야 합니다. 정죄하지 않는 말과 문제에 대한 하나님의 절대적인 확신 있는 말을 해야 하고 아주 적절하게 때에 맞는 말을 해야 합니다. 하나님께서 일하시도록 평안히 침묵할 것을 권면하는 말을 해야 합니다. 우리의 삶뿐만 아니라 모든 환경 속에 하나님이 역사하신다는 긍정적인 소망을 증거하는 말을 해야 합니다. 하나님의 말씀에서 비롯된 언어, 영성 있는 언어 생활을 할 때 그 말씀에는 능력과 권세가 함께할 것입니다. 왜냐하면 우리는 주님을 영접한 하나님의 자녀이기 때문입니다.

● 우리 입술의 열매는
찬미의 제사가 되어야 합니다.

어떻게 하면 다른 사람들이 귀기울여 듣고 관심을 가질 가치 있는 말을 하는 사람이 될 수 있습니까? 우리가 성령의 인도하심 속에 하나님의 은혜로 충만하게 살 때에 가능합니다. 이것은 말하기는 쉽지만 실제로 그렇게 살기는 쉽지가 않습니다. 그리고 물론 하나님을 떠나서는 불가능합니다. 하나님은 우리를 떠나 멀리 계신 분이 아닙니다. 하나님께서는 바로 우리 안에 거하기를 원하시며 그것도 결정적이고 핵심적인 자리, 곧 우리 마음의 중심을 원하고 계십니다.

그러므로 우리는 복음을 전하고 하나님을 드러내는 삶을 살아야 합니다. 히브리서 13장 15절에 보면 찬미의 제사는 입술의 열매라고 말하고 있습니다. 이것은 그리스도인들이 하나님께 드릴 수 있는 감미롭고 달콤한 열매입니다. 그것은 실제로 우리가 아버지를 위해서 해드릴 수 있는 것이며 하나님께 영광을 돌리고 기쁘시게 해드리는 것입니다. 우리의 입이 더럽고 추한 말이 아니라 순간 순간 마음속에서 솟아나는 찬양으로 가득 찰 수 있어야 합니다. 그렇게 될 때 우리의 말은 사랑의 하나님께 드리는 제사가 될 것입니다.

우리는 언어 사용에 있어서 상처를 주기보다 상대를 세워주고 사랑하는 마음으로 표현해야 합니다. 복음을 들어 구원받고 예수 그리스도의 십자가의 보혈로 모든 죄악을 씻김 받은 성도라면 사랑을 표현해야 합니다. 우리는 하나님의 자녀다운 삶을 살아야 합니다.

"입을 지키는 자는 자기의 생명을 보전하나 입술을 크게 벌리는 자에게는 멸망이 오느니라"(잠 13:3)

"내가 말하기를 나의 행위를 조심하여 내 혀로 범죄하지 아니하리니 악인이 내 앞에 있을 때에 내가 내 입에 재갈을 먹이리라 하였도다"(시 39:1)

"내 아들아 내 지혜에 주의하며 내 명철에 네 귀를 기울여서 근신을 지키며 네 입술로 지식을 지키도록 하라"(잠 5:1-2)

●
칭찬과 격려를 아끼지 마십시오

우리가 복된 언어 생활을 하려면 칭찬과 격려를 하는 것이 중요합니다. 칭찬은 타이밍이 중요합니다. 가능하면 칭찬을 아끼지 않는 것이 좋습니다. 칭찬은 사람의 마음을 움직이는 힘이 있습니다. 칭찬하고 또 칭찬하고 칭찬을 아끼지 마시기 바랍니다. 칭찬은 하는 사람이나 듣는 사람의 마음 모두를 좋게 만듭니다.

"내가 진실로 진실로 너희에게 이르노니 내 말을 듣고 또 나 보내신 이를 믿는 자는 영생을 얻었고 심판에 이르지 아니하나니 사망에서 생명으로 옮겼느니라"(요 5:24)

"어찌하여 내 말을 깨닫지 못하느냐 이는 내 말을 들을 줄 알

지 못함이로다"(요 8:43)

"이는 주께서 주의 말씀을 주의 모든 이름보다 높게 하셨음이라"(시 138:2)

상대방에게 말할 때 주의할 점

1. 누구에게나 경어를 사용하는 것이 좋습니다.
   경어를 사용해서 본인이 손해보는 경우는 없습니다. 오히려 많은 사람에게 호감을 사는 좋은 방편이 됩니다.
2. 상대방의 말을 많이 들어주어야 합니다.
   내 말은 적게 하고 상대방의 말을 많이 들어주어야 합니다. 그러면 우리와 대화하는 사람은 금방 우리의 사람이 됩니다.
3. 칭찬과 좋은 말을 사용해야 합니다.
   어떤 경우라도 칭찬과 좋은 말을 사용하는 것은 우리의 성공을 위한 지혜요, 좋은 방법입니다.
4. 가까운 사이일수록 서로 인격을 지켜야 합니다.
   아무리 친한 사이라도 상대의 인격에 관계된 말을 삼가야 하고 가까운 사이일수록 인격적인 틀을 벗어나서는 절대로 안 됩니다.
5. 진지한 태도로 대화해야 합니다.
   상대와 대화를 할 때는 진지한 태도를 취해야 합니다.

이것은 상대방에 대한 예의인 동시에 그 사람에게 신뢰감을 심을 좋은 기회가 됩니다.
6. 많이 아는 척 하지 말아야 합니다.
대화 중에 가능한 한 아는 척을 해서는 안 됩니다. 지나치게 똑똑한 표현은 사람을 잃기가 쉽습니다.
7. 분명하게 발음해야 합니다.
대화를 할 때는 상대가 알아들을 수 있도록 분명하게 해야 합니다. 자기 입 속에서만 얼버무리는 것처럼 상대를 울화통이 터지게 하는 일도 없을 것입니다. 우리들의 언어 생활을 잘 조절해 나간다면 우리들의 삶은 확실하게 달라질 것입니다.

사랑 차 요리법

사랑 차 요리법을 알려 드릴 터이니 잘 요리해 잘 드시고 사랑의 언어를 많이 사용하시기 바랍니다. 따뜻한 마음으로 마시는 사랑 차 요리법은 다음과 같습니다.

(재료준비)
1. 성냄과 불평은 뿌리를 잘라내어 잘게 다집니다.
2. 교만과 미움은 속을 빼내어 깨끗이 씻어 놓습니다.
3. 짜증은 껍질을 벗기고 반으로 토막을 내어 평안에 절여 둡니다.

(만드는 법)
1. 주전자에 실망과 아픔을 한 컵씩 붓고 씨를 잘 빼낸 다음 불만을 넣고 푹 끓입니다.
2. 미리 준비한 위의 재료 1, 2, 3을 다 넣고 다시 끓이다가 인내와 기도를 많이 첨가하여 재료가 다 녹고 쓴맛이 없어지도록 합니다.
3. 기쁨과 감사로 잘 젓고 미소로 열매를 예쁘게 띄운 후 깨끗한 믿음의 잔에 부어서 따뜻하게 마십니다.

6장

생명력있는 언어를 가진 사람이 되십시오

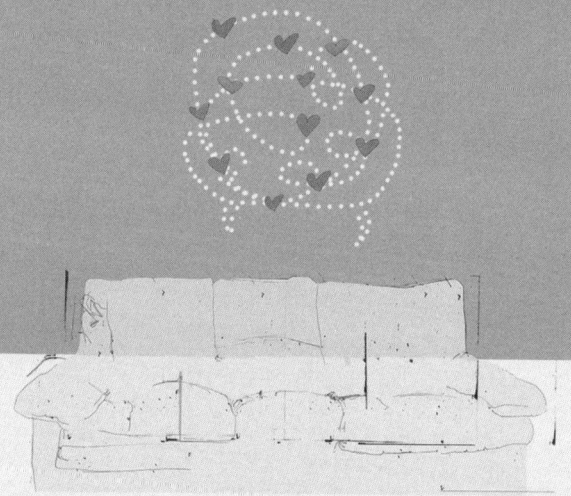

탁월한 언어의 능력

●
언어와
시야

　언어를 잘 활용할 줄 아는 사람들은 공통점이 있습니다. 그들은 모든 일들을 새로운 시각에서 살필 줄 압니다. 아주 익숙한 일일수록 남들이 생각하지 못한 방향에서 바라볼 줄 압니다. 그들은 넓은 시야를 가졌습니다. 자기 자신의 일상생활을 벗어난 영역과 관심 분야에 관하여 생각해 보고 이야기를 나눕니다. 그들은 열의를 가지고 대화에 임합니다. 자신들이 살아가면서 하는 일에 열정을 갖는 동시에 남의 이야기에도 관심을 보입니다. 언제나 자기 자신에 관해서만 말하려 들지 않습니다. 그들은 호기심이 많습니다. "왜 그러냐"는 질문을 자주 합니다. 그들은 자신이 하는 이야기에 관하여 좀더 알고 싶어합니다. 그들은 상대방의 형편에서 상대를 이해합니다. 상대의 형편에 서서 상대가 하는 말과 직접 관련을 맺어 보려고 합니다. 그들에게 유머감각이 있습니다. 그들은 자기 자신에게 관한 농담을 꺼리질 않습니다. 사실은 말을 잘하는 사람일수록 자기 자신에 관한 이야기를 잘하는 것입니다. 그들은 자기 나름대로의 스타일을 가지고 있습니다. 남들이 듣고 싶어하는 화제를 만들어 냅니다. 그리고 호기심을 유발시키고 만족과 기쁨을 줍니다.

●
**좋은 대화 기술을
익혀야 합니다.**

'수줍음에서 무대 공포증까지'의 저자인 요한 마샬 박사는 다음과 같이 말합니다.

"자신이 불안하다는 것이 청중에서 항상 나타나는 것은 아닙니다. 연구 조사에 의하면 실제로는 자신이 느끼는 만큼 다른 사람들이 자신이 불안하다는 것을 알아채지 못한다는 것입니다.

대중 속에서 자신이 스포트라이트를 받을 때 어느 정도의 긴장은 있기 마련입니다. 그것은 지극히 정상적인 반응입니다. 말할 때를 기다리는 것은 매우 힘든 일입니다.

가능하면 발표의 순서를 제일 먼저 하도록 하십시오.

"저는 오늘 긴장이 됩니다. 그래서 그런지 더욱더 그런 점을 말씀 드리고 싶습니다"라고 말문을 연다면 긴장감을 다소나마 해소하는 데 도움이 될 것입니다."

언쟁을 피하기 위한 법법 • • •

1. 상대방을 압박하는 이야기를 하지 말 것.
   "날 사랑했다면 ~하지는 않았을 거야."
   "싫으면 그만 둬!"
   "마음대로 해. 하지만 잘못되는 날엔 전부 당신 책임이라는 걸 명심해."

2. 한번도, 결코, '제발 ~좀 해 봐' 등의 표현이 들어가는 비난을 하지 말 것.
   "한번도 내 말을 들어주는 적이 없어."
   "당신은 내 말을 들어주는 적이 없어."

"당신은 항상 이런 식이야."
"언제 한번이라도 자상하게 군 적이 있어?"
"제발 철 좀 들어 봐."

3. 상대방에게 죄의식을 주려고 시도하지 말 것.
"내가 얼마나 당신을 믿는지 알고 있지?"
"이게 다 당신이 관심이 없다는 증거야!"
"이 바보야! 넌 왜 그렇게 멍청하냐?"

4. 억제되지 않은 분노의 발산과 상대방을 위협하기 위해 호통을 치지 말 것.
"대체 이게 무슨 짓이야!"
"난 더 이상 못해."
"꼴도 보기 싫어!"

5. 쌓였던 원망을 도화선으로 사용하지 말 것.
"전에 했던 거나 같잖아!"
"꼭 자기 엄마 같군."
"당신은 언제나 그랬어!"

우리가 언어 표현에 있어서 강한 힘을 발휘하기를 원한다면 매일같이 한 번씩 다음 표현을 소리내어 외쳐보면 좋을

> **우리에게 힘을 주는 언어 8가지**
>
> 1. 나는 강합니다!
> 2. 나는 참으로 생동감이 있습니다!
> 3. 나는 무한한 힘으로 충만합니다!
> 4. 나는 뛰어나게 건강한 몸을 가지고 있습니다!
> 5. 나는 날마다 기쁘게 삽니다!
> 6. 나는 모든 일에 열정적입니다!
> 7. 나는 성령 충만합니다!
> 8. 인생은 한 번 뿐입니다!
>   멋있게 신나게 열정적으로 살아갑시다!

것입니다. 똑바른 자세로 깊이 심호흡을 하고 한번 힘있게 외쳐 보시기 바랍니다. 우리가 힘있게 강하게 자주 외칠수록 삶에 힘을 주는 언어는 다음과 같습니다.

●

승리하는 사람은 눈을 밟아 길을 만들지만
실패하는 사람은 눈이 녹기를 기다립니다.

우리가 매일 매일 이렇게 반복하여 외칠 수 있

다면 그리고 그 사실을 믿는다면 우리에게 영적인 능력과 자신감이 샘솟게 될 것입니다.

우리들 중에는 승리하는 사람과 패배하는 사람이 있습니다. 승리하는 사람은 언제나 "예"와 "아니오"의 선택이 분명합니다. 그러나 실패하는 사람은 "예"와 "아니오"의 선택이 분명하지 않습니다. 승리하는 사람들은 쓰러지면 다시 일어나 앞을 보지만 실패한 사람은 쓰러지면 뒤를 돌아봅니다.

승리하는 사람은 눈을 밟아 길을 만듭니다. 실패하는 사람은 눈이 녹기를 기다립니다. 승리하는 사람의 호주머니에는 꿈이 들어 있고 실패하는 사람의 호주머니에는 욕심만 잔뜩 들어 있습니다.

우리들의 삶에 있어서 보람을 느끼게 해주는 것 중의 하나가 서로 이야기를 나누는 것입니다. 대화가 없다면 우리의 가치는 없어지고 이야기가 없는 사이라면 서로를 위해 주는 삶의 아름다움도 없을 것입니다. 공동체적 삶에서 이야기를 나누는 것은 서로의 이해와 도움의 폭을 넓혀 관계를 돈독히 해줍니다. 이야기를 나눔으로 삶의 보람은 물론 모든 곳에서 다양한 모습을 나타내게 되는 것입니다. 가정에서는 행복을 창조하는 기쁨으로, 사회에서는 창조와 협력과 생산성을 높이는 믿음으로 그리고 교회에서는 주님의 뜻을 이루고 선교와 전도를 이루는 놀라운 결과를 나타내게 됩니다.

서로의 나눔은 갈등을 해소하며 사랑을 잉태하고 화합을 이끌어 냅니다. 대화는 우리들의 삶의 표현 방법입니다. 우리는 대화를 통해서 이익을 나누며 기쁨을 만들어가는 것입니다. 이야기를 나눈다는 것은 마음을 여는 열쇠가 된다는 것입니다. 서로를 잘 알게 되는 것입니다. 대화는 혼자만의 독백이 아니라 서로간의 의사 교환입니다. 이야기를 나눔은 단순한 감정을 전달하는 것에 그치는 것이 아닙니다. 우리는 나눔을 통해서 다른 사람들을 감동시키고 다른 사람들을 받아들이며 즐거움과 만족을 함께 갖게 됩니다. 서로간의 삶의 아름다움을 표현하게 됩니다.

잠언 17장 27~28절에 보면 "말을 아끼는 자는 지식이 있고 성품이 냉철한 자는 명철하니라 미련한 자라도 잠잠하면 지혜로운 자로 여겨지고 그 입술을 닫으면 슬기로운 자로 여겨지느니라"고 말씀하고 있습니다.

●
자주 생각하는 것은 소망이 되고
그 소망은 이뤄집니다

　　우리들의 생각은 참으로 중요한 결과를 가져옵니다. 주님을 따르는 그리스도인들에게 하나님의 권능이 나타나는 것은 '된다'는 적극적인 생각과 믿음에서 이루어지는 것입니다. 예수 그리스도께서는 불가능의 생각을 파괴하시고 '된다'는 기쁨의 복음을 전하러 이 땅에 오셨습니다.

　세상 사람들도 자녀들에게 "너는 안 된다! 너는 틀렸다! 망한다! 빌어먹는다! 죽는다! 별 수 없다! 등의 부정적인 말을 하면 그 자녀들의 삶이 제대로 될 수 없다고 합니다. 우리는 그리스도인임으로 바른 믿음과 바른 언어를 가져야 합니다. "된다! 할 수 있다! 나는 자신이 있다! 가능하다! 등의 적극적인 말을 하면 자녀들의 삶도 달라집니다. 가나안 땅을 정탐한 뒤 못 들어간다고 한 사람들은 정말 못 들어가고 들어간다고 한 여호수아와 갈렙은 들어갔습니다. 이런 말이 있습니다. "된다! 된다!" 하면 '된다 정거장'에 내리고 "안 된다! 안 된다!" 하면 '안 된다 정거장'에 내린다는 것입니다.

유머

어느 교회에서 여전도회 헌신예배를 드리고 있었습니다. 예배의 사회를 맡은 여전도회 회장님은 요즘 부동산에 관심이 많아서 교회 일이나 가정 일보다는 아파트 추첨에 이리 뛰고 저리 뛰며 분주한 나날을 보내고 있었습니다. 여전도회 헌신예배를 드리는 날에도 준비기도를 비롯한 예배 준비는 제대로 하지 않고 미장원에 가서 머리에 신경 좀 쓰고 옷도 한껏 멋을 부렸습니다. 여전도 회장은 강단으로 올라가 예배를 드리기 위해서 미소를 활짝 지으며 말했습니다.
"우리 찬송가 105동을 부릅시다!"

상대방을 기분 좋게 하는 대화법 •••

1. 1분 이내로 자기 말을 끝냅니다.
2. 2분 이상 상대가 말하게 합니다.
3. 3분 이상 상대와 공감대를 형성하여 대화를 나눕니다.

한마디로 상대방에게 힘을 주는 16가지의 말 •••

1. 과연 당신은 다릅니다.

내가 더 이상 다른 말을 할 필요가 없습니다.
2. 수준이 정말 다르십니다.
3. 참 대단하십니다. 다시 봤어요!
4. 당신은 어디 있어도 돋보입니다.
5. 힘을 다 쏟아 하고 있군요.
   그러면 다음에 똑같이 하기가 힘들 텐데요.
6. 당신이라면 할 수 있습니다.
   내가 보증을 하겠습니다.
7. 당신이 없으면 나는 아무것도 할 수 없을 것 같습니다.
   힘이 되어 정말 고맙습니다.
8. 좋은 점을 지적했습니다.
   나는 거기까지 미처 생각하지 못했습니다.
9. 이 일은 아무나 할 수 있는 일이 아닙니다.
   당신이 정말 잘 해냈습니다.
10. 당신은 우리들 중의 최고입니다.
11. 당신은 참 아는 사람들이 많군요.
    마당발이군요. 참 놀랬습니다.
12. 당신이 하시는 일에 다 따를 것입니다.
13. 당신의 실력을 아직 다 알지 못했습니다.
    다음에 또 어떤 놀라운 일을 해낼지 기대가 됩니다.
14. 당신은 앞일을 내다보는 눈이 대단하군요.
15. 당신의 모든 삶이 아름답습니다.
16. 당신은 못하는 것이 아닙니다.
    시작을 하지 않고 있을 뿐입니다.

서로 마음이 통하고 이상이 맞는 사람과 대화를 나눈다는 것은 참으로 기쁜 일입니다. 삶을 살아가며 말이 서로 통하는 사람이 있다면 그 사람은 행복한 사람입니다. 대화의 단절보다 불행한 일은 없습니다. 모든 불행이 대화의 단절에서 시작되기 때문입니다. 서로의 대화가 잘 통하지 않는다면 행복보다는 아픔이 더 많아질 것입니다. 대화가 서로 통할 때 가장 친한 친구가 될 것입니다. 누구나 칭찬 받고 싶어하고 위로 받고 싶어할 것입니다. 가까운 사람들에게 힘을 주는 말을 해줄 여유가 있다는 것은 자기 자신에게 커다란 힘이 될 것입니다. 격려와 칭찬과 위로의 말을 해줄 수 있는 주인공이 바로 자신이라면 그만큼 자신의 삶에도 여유와 힘이 될 것입니다.

말을 아주 잘하고 익살을 잘 부리고 교양이 많은 척 한다고 꼭 좋은 것은 아닙니다. 상대방의 이야기를 잘 들어 주고 그 사람의 마음을 알아주는 것이 더 중요합니다.

의사 소통을 위한 18가지 지침 • • •

1. 행동을 말보다 더 크게 해야 함을 기억해야 합니다.
2. 무엇이 중요한지 규정하고 강조해야 합니다.
3. 다른 사람의 존재 가치를 인정하고 존경하는 의사 표

현을 해야 합니다.
4. 분명하고 구체적인 의사 소통을 해야 합니다.
5. 현실적이고 합리적인 말을 해야 합니다.
6. 자신의 생각을 정확히 질문해야 합니다.
7. 각 사건들이 서로 다른 관점에서 보여짐을 알아야 합니다.
   다른 사람들이 자신과 똑같은 식으로 사물을 본다고 생각해서는 안 됩니다.
8. 자신의 가족들과 친구들이 자신과 자신의 행동에 대해 잘 알고 있다는 것을 자신이 확신하지 못한다면 자신에 대한 그들의 생각을 부인하려고만 해서는 안 됩니다.
9. 의견의 일치가 안 될 때 파괴적인 논쟁을 피해야 합니다.
10. 자신의 마음을 정직하게 개방해야 합니다.
11. 조롱, 방해, 욕설, 주제를 바꾸는 것, 비난, 귀찮게 하는 것, 풍자, 샐쭉거림, 죄의식 유발과 같은 방법으로 다른 사람을 억누르거나 조롱하지 말아야 합니다.
12. 자신이 오해를 받고 있다고 하여도 신랄하게 비난부터 하지는 말아야 합니다.
13. 다른 사람들이 왜 그런 식으로 행동하고 느끼는가 이해하도록 하고, 모든 감정을 수용해야 합니다.
14. 재치 있고, 사려 깊고, 예의 바르게 해야 합니다.
    다른 사람의 감정을 이용해서는 안 됩니다.
15. 질문을 했으면 주의 깊게 들어야 합니다.
16. 변명하려고만 하지 말아야 합니다.

17. 친절하고 공손하고 부드럽게 말해야 합니다.
    잔소리나 고함치거나 푸념하지 말아야 합니다.
18. 유머와 진지함의 가치를 인정해야 합니다.
    좋지 못한 희롱은 하지 말아야 합니다.

●
우리의 언어 생활은 선교와 연결되어 있습니다

성숙한 그리스도인은 언어 생활도 성숙해야 합니다. 야고보서 3장 2절에 보면 "우리가 다 실수가 많으니 만일 말에 실수가 없는 자라면 곧 온전한 사람이라 능히 온 몸도 굴레 씌우리라"고 말하고 있습니다. 성숙한 언어생활을 하려면 기도와 말씀의 묵상으로 성령이 충만한 생활을 하여야 합니다. 언어는 마음의 표현입니다. 우리가 예수 그리스도의 성품을 닮아갈 때 우리는 더욱더 올바른 언어생활을 할 수 있습니다. 우리의 언어 생활은 곧 선교와 연결이 되어 있습니다. 우리는 생활을 통하여 하나님께 영광을 돌리고 이웃에게는 기쁨을 주어야 합니다.

> **이야기를 효과적으로 하는 7가지 방법**
>
> 1. 필요한 내용만 요약해서 말합니다.
> 2. 엉뚱한 이야기를 하지 않습니다.
> 3. 짧게 설명하고 반응을 관찰합니다.
> 4. 똑같은 내용을 반복해서 말하지 않습니다.
> 5. 새로운 문제를 제기합니다.
> 6. 반복할 때는 새로운 내용을 첨가합니다.
> 7. 구체적으로 말합니다.

전도할 때 전해야 할 7가지 •••

1. 인간이 죄에서 구원받아야 함의 필요성을 전해야 합니다.
   "모든 사람이 죄를 범하였으매 하나님의 영광에 이르지 못하더니"(롬 3:23)
2. 예수 그리스도께서 이루신 일을 통하여 구원의 근거를 제시해 주어야 합니다.
   "그리스도께서 우리 죄를 위하여 죽으시고"(고전 15:3)
3. 예수 그리스도를 믿음으로 이루어지는 구원의 방법을 전해야 합니다.
   "의인은 믿음으로 말미암아 살리라"(롬 1:17)
4. 하나님의 말씀을 전함으로 구원의 확신을 갖게 해야

합니다.

"내가 하나님의 아들의 이름을 믿는 너희에게 이것을 쓰는 것은 너희로 하여금 너희에게 영생이 있음을 알게 하려 함이라"(요일 5:13)

5. 믿음의 열매를 맺음으로 구원의 증거를 보여 주어야 합니다.

"이러므로 그들의 열매로 그들을 알리라"(마 7:20)

6. 예수 그리스도를 믿음으로 구원의 기쁨을 누리게 해야 합니다.

"주의 구원의 즐거움을 내게 회복시켜 주시고 자원하는 심령을 주사 나를 붙드소서"(시 51:12)

7. 구원을 완성시켜 주신 하나님께서 그리스도인에게 상급을 주심을 전해야 합니다.

"나는 선한 싸움을 싸우고 나의 달려갈 길을 마치고 믿음을 지켰으니 이제 후로는 나를 위하여 의의 면류관이 예비되었으므로 주 곧 의로우신 재판장이 그 날에 내게 주실 것이며 내게만 아니라 주의 나타나심을 사모하는 모든 자에게도니라"(딤후 4:7~8)

당신의 전도 • • •   다니엘 마치

들으라, 주의 외치는 음성을
"누가 오늘 나가 일할까?"
들판의 곡식은 희어지고 수확을 기다리는데
누가 가서 단을 거둘까?
그는 풍성한 보답을 약속하시네
크고 강하신 주인의 부르심에
누가 대답하여
기쁘게 말하리
"내가 여기 있나이다. 나를 보내소서
나를 보내소서"라고

당신이 태양을 건너
이방인의 먼 땅에 갈 수 있다면
가까운 이방인을 찾아가며
이웃에게 도움을 줄 수 있다오
많은 것을 줄 수 없어도
적지만 모두 바친 과부와 같이 줄 수 있다오
주를 위한 당신의 작은 손길이
그분의 눈에 더욱 귀한 것이라오

당신이 천사같이 전하지 못하며
바울같이 가르치지 못하나
예수의 사랑을 말할 수 있다오

모든 사람을 위하여 그가 죽었다고 말할 수 있다오
당신이 심판의 경고로
악인을 일으킬 수 없어도
기다리고 계시는 구주의 품에 작은 아이들을 이끌 수는 있다오

당신이 높은 시온성의 벽에 서서
지키는 사람이 될 수 없다면
하늘을 향한 길을 가리키며
모든 사람에게 생명과 평안을 전할 수 있다고
당신의 기도와 당신의 관대함으로
하늘이 요구하는 것을 행할 수 있다오
선지자 모세의 손을 들어올리던
신실한 아론과 같이 될 수 있다오

당신은 나이 많은 사람들 가운데서는
가르치기에 적합하지 않을지 모르지만
"내 양을 먹이라"고 목자 되신 우리 주께서 말씀하셨다오
"양들이 먹을 수 있도록 먹이를 놓으라"고
당신이 조심스런 손길로 이끌던 아이가
당신이 더 좋은 곳에 도착할 때는
당신의 보석 가운데 발견될지 모른다오

사람의 영혼이 죽어 가고 있고
주께서 당신을 부르고 있을 때

그리스도를 전하려거든

그리스도를 전하려거든 그의 낮아지심을 전하라.
그리스도를 전하려거든 그의 사랑하심을 전하라.
그리스도를 전하려거든 그의 고난을 전하라.
그리스도를 전하려거든 그의 죽음을 전하라.
그리스도를 전하려거든 그의 부활을 전하라.
그리스도를 전하려거든 그의 재림을 전하라.

"나는 할 것이 아무것도 없네" 라고
게을리 말하는 것을 아무도 듣게 하지 마시오
그가 당신에게 맡기신 일을 기쁘게 취하시오
그의 일이 당신의 기쁨이 되게 하시오
그가 부를 때 어서 대답하시오
"내가 여기 있나이다 나를 보내소서 나를 보내소서" 라고

난생 처음 달리는 택시 안에서 기도했습니다.

어느 날 아내와 함께 택시를 탔는데 타자마자 운전기사가 "어서 오십시오. 안녕하십니까? 어디로 모실까요?" 친절하게 묻더니 "예수님 믿으십니까?"라고 전도를 했습니다. "네, 저는 목사입니다." 했더니 "목사님이세요. 그럼 기도를 부탁드립니다." 알고 보니 그 분은 집사님이었습니다. 난생 처음 달리는 택시 안에서 눈을 꼭 감고 기도를 했습니다. 기사집사님은 눈을 뜨고 기도를 했습니다. 사고가 나면 안 되니까요! "목사님을 모시게 된 것이 축복입니다"하며 내릴 때 차비를 굳이 사양하며 "목사님 승리하세요!" 하고는 차를 몰고 떠났습니다. 나도 그 집사에게 내 시집 한 권을 주었습니다. 택시 안의 기도는 잊을 수 없는 기도 중의 기도입니다.

프랜시스 드 살레는 그의 글 '혀의 진단'에서 이렇게 말하고 있습니다. 의사는 때로 환자의 혀를 보고 그 사람의 건강상태를 알 수 있다. 혀는 또한 영혼의 상태를 진단하는 길잡이가 될 수 있다. 우리의 손은 재빨리 아픈 곳으로 움직여 가지만 우리의 혀는 우리가 좋아하는 것을 한다. 우리가 정말로 하나님을 사랑하면 일상적인 대화에서 자주 하나님을 이야기하게 된다. "의인의 입은 지혜로우며 그의 혀는 정의를 말하며"(시 37:30) 벌은 단지 꿀을 빨기 위해 그 작은 혀를 사용하듯이 당신의 혀는 하나님으로 달콤해져야 한다. 당신의 입술로 하나님의 거룩하신 이름을 꽃피우며 찬송하는 것보다 더 큰 기쁨은 없다. 성 프랜시스는 예수님의 이름을 말할 때마다 마치 달콤한 것을 핥는 것처럼 그의 입술을 움직였다고 한다. 조심하라! 언제나 경외하는 마음과 경건한 마음으로 하나님을 말하라. 이것은 당신의 신앙이 깊다는 것을 보이려는 몸짓이 아니다. 겸손과 사랑으로 성령 안에서 말하라. 당신의 경건의 꿀을 정제하여 다른 사람의 귀에 몇 방울씩 떨어뜨리라. 영혼의 비밀스러운 심연에서 당신의 소리를 듣는 사람들의 마음속에 흘려 보내는 거룩한 이슬이 하나님을 기쁘시게 하기를 구하라. 무엇보다도 온유하고 부드럽게 말하라. 결코 평범하고 무심한 태도로 하나님을 또는 경건에 대하여 말하지 말라. 적절하고 사려 깊게 말하라. 나는 당신이 경건에 대하여 말하는 사람들 속에서 찾을 수 있는 이상한 허영심을 갖지 않기를 바란다. 그들은 자신이 무엇을 말하는지 도무지 알지 못하는 것처럼 기계적으로 경건한 말을 한다. 그들은 자신의 말과 자신이 조화된다고 생각하지만 전혀 그렇지 않다." 우리는 그리스도인 곧 하나님의 자녀로서 하나님 보시기에 합당한 언어구사를 해야 합니다. 그리고 이웃과 가족 그리고 믿음의 지체들에게 영혼을 사랑하는 언어를 나타내야 합니다. 우리가 하나님께 드릴 수 있는 찬양은 참으로 최고의 아름다운 언어입니다.

찬양이란 무엇입니까? ・・・

1. 찬양은 노래로 하나님을 찬송하는 것입니다.
2. 찬양은 영혼의 언어입니다.
3. 찬양은 예배 행위 중 하나님을 찬미하는 것이며 감사의 표현 방법입니다.
4. 찬양은 우리의 신앙고백이며 아울러 하나님의 영광과 이름을 높이며 주님의 나라가 이 땅 위에 임하기를 간구하는 기도입니다.
5. 찬양은 하나님과의 대화입니다.
6. 찬양은 예배이며 기도와 같습니다.
7. 찬양은 곡조 붙은 기도요, 곡조 붙은 증언입니다.
8. 찬양은 감사하는 노래입니다.
9. 찬양은 예배 때에 하나님께 반드시 드려야 하는 제물입니다.

●
깊은 영성과 하나님의 은혜로
언어의 능력을 가져야 합니다.

우리들의 믿음생활 중에 가장 중요한 언어 중의 하나는 "주 예수 그리스도"와 "아멘"일 것입니다. 그러므로 성경은 "아멘! 주 예수여! 오시옵소서! 주 예수의 은혜가 모든 자들에게 있을지어다! 아멘"!(계 22:20-21)이라고 말하고 있습니다. 우리는 하늘을 향하여 "아멘!" 땅을 향하여 "아멘!" 하는 신앙을 가져야 할 것입니다. 우리 주 예수 그리스도께서 우리의 삶을 향하여 진실로 진실로 "아멘! 아멘!" 하실 수 있도록 믿음생활을 해야 합니다. 성령께서 인도하심을 확신해야 합니다.

우리는 은혜로 구원받은 성도로서 예수 그리스도께 "잘했다!"고 칭찬 받을 성도가 되어야 합니다. 그날, 주 예수의 날에 서로 자랑할 수 있는 성도가 되어야 합니다.

하나님께 드리는 기도는 우리가 표현할 수 있는 언어 중에 가장 생명력 있는 언어입니다. 우리가 성공을 부르고 성공적인 삶을 살려고 한다면 성령의 인도하심 따라 기도하는 삶을 살아야 합니다. 우리가 기도하지 않는 한 어떠한 성공도 기대할 수 없습니다. 우리는 기도를 통하여 우리에게 보여주실 하나님의 섭리를 기대하며 살아가야 합니다.

성공을 부르는 탁월한 언어의 능력을 가진 사람은 믿음과 함께 훌륭한 인격을 가지고 있습니다. 그 사람은 남을 이끄는 힘을 가지고 있습니다. 대화 속에서도 신뢰를 형성시킬 줄 아는 사람입니다. 사람과 사람 사이에 신뢰 관계가 있을 때 대화가 이루어지고 이루어진 대화 속에 결실이 있습니다. 하나님과 우리들의 대화 곧 기도도 하나님을 신뢰할 때 응답의 기쁨과 함께 구원의 소망이 가득해집니다.

기도는 그리스도인만이 하나님께 드릴 수 있는 축복된 언어 표현입니다. 에베소서 4장 29절은 이렇게 말하고 있습니다. "무릇 더러운 말은 너희 입 밖에도 내지 말고 오직 덕을 세우는 데 소용되는 대로 선한 말을 하여 듣는 자들에게 은혜를 끼치게 하라." 케롤 메이홀의 말처럼 "우리의 입술의 열매인 찬양은 다른 사람들에게 복음을 전하고 선을 행하는 것과 동등한 가치를 가진다"는 것입니다. 이 같은 제사를 하나님이 기뻐하십니다. 우리들의 삶 속에서 이루어지는 모든 언어생활이 성령의 인도하심을 받아야 합니다. 깊은 영성과 하나님의 은혜로 언어의 능력을 가져야 합니다. 언어를 통하여 주님의 복음을 온 세상에 나타내고 전하며 주 안의 지체들과 사랑의 삶을 살아야 합니다. 주님 안에서의 사랑은 주님께서 우리에게 원하시는 삶의 모습입니다.

우리는 우리가 사용하고 표현하는 언어생활을 위하여 항상 기도해야 합니다. 언어생활은 곧 우리들의 삶의 모습이기 때문입니다.

"나의 반석이시요 나의 구속자이신 여호와여 내 입의 말과 마음의 묵상이 주님 앞에 열납되기를 원하나이다" (시편 19:14)